Échos de Léran :
Poésie d'Ariège :

Raymond Mialon

Échos de Léran :

Poésie d'Ariège :

Par : Raymond Mialon

Raymond Mialon

Échos de Léran :
Poésie d'Ariège :

Édition : BoD - Books on Demand, info@bod.fr
Impression : BoD – Books on Demand,
In de Tarpen 42, Norderstedt (Allemagne)
Impression à la demande
ISBN : 978-2-3225-0595-1
Dépôt légal : Novembre 2023

Raymond Mialon

Pourquoi ce livre ?

Au cœur de l'Ariège, Léran reste un écrin intemporel, une fenêtre sur le passé qui s'ouvre sur le présent. Ses rues pavées, ses maisons de pierre et ses habitants accueillants témoignent d'une histoire riche, de coutumes préservées et d'histoires profondément enracinées.

Ce livre, né de l'amour pour ce village ariégeois, se dresse en tant que gardien du patrimoine de Léran.

Il est un legs pour les générations à venir, un récit émouvant qui capture l'essence de ce lieu unique.

Au fil des pages, l'histoire de Léran s'ouvre comme un livre, dévoilant les chapitres qui ont façonné cette communauté.

Depuis les premiers pionniers qui ont fondé ce village jusqu'aux traditions qui persistent encore aujourd'hui, chaque page est un trésor de connaissance.

Échos de Léran :
Poésie d'Ariège :

Les coutumes, transmises de génération en génération, s'entremêlent avec les témoignages émouvants des habitants.

Les fêtes locales, les festins partagés, les chansons qui résonnent dans les ruelles, tout cela trouve sa place dans ces lignes, vivant à travers les mots et les émotions.

Les histoires de Léran sont tissées avec celles de ses habitants, des vies pleines de défis et de triomphes, d'amour et de pertes.

Chaque récit est une pierre précieuse dans l'édifice de cette communauté, et chaque personnage est une étoile brillant dans le ciel de Léran.

Ce livre est un hommage, un cri d'amour pour Léran, un témoignage de son patrimoine culturel unique.

Il sert de phare pour les générations futures, les guidant pour comprendre, chérir et préserver cet héritage qui les relie au passé.

Échos de Léran :
Poésie d'Ariège :

Ainsi, au travers des mots et des poèmes, ce livre insuffle la vie dans le patrimoine de Léran, invitant les lecteurs à mieux comprendre et apprécier l'histoire et les coutumes qui forgent le tissu de cette communauté, et à perpétuer cet héritage précieux pour les années à venir.

Léran et ses alentours :

La Touyre, rivière qui serpente à travers Léran,

est bien plus qu'un simple cours d'eau.

Elle est le fil de vie qui relie le village aux

montagnes et aux vallées environnantes,

apportant un souffle de fraîcheur à chaque saison.

Au printemps, la Touyre s'éveille de sa léthargie

hivernale pour danser entre les pierres, ajoutant

une symphonie liquide aux chants des oiseaux.

Les rives se parent d'une explosion de verdure,

créant une toile de fond parfaite pour les pique-

niques et les balades tranquilles.

En été, les eaux claires de la rivière invitent les

habitants et les visiteurs à s'y rafraîchir.

Les enfants y barbotent joyeusement, tandis que

les adultes se détendent au son apaisant de

l'écoulement de l'eau.

Les rives sont le lieu de rendez-vous pour les

histoires partagées et les moments de quiétude.

L'automne révèle un tout autre visage de la Touyre, avec ses eaux reflétant les couleurs chaudes des feuilles tombantes.

Les truites jouent à cache-cache parmi les pierres, créant une danse fluide et mystérieuse.

En hiver, la rivière se couvre parfois d'un manteau de glace étincelante, ajoutant une touche magique à l'ensemble.

Les paysages enneigés se reflètent dans ses eaux calmes, créant une vision hivernale de tranquillité. Ah

La Touyre est bien plus qu'un simple cours d'eau ; c'est un lien intime entre Léran et la nature environnante.

Elle est la mémoire vivante du village, portant les échos des rires, des pique-niques en famille, et des moments de contemplation.

Elle incarne la beauté, la quiétude et l'âme de Léran, ajoutant une touche de magie à chaque saison et offrant un refuge naturel pour tous ceux qui cherchent à se ressourcer.

Le lac de Montbel, situé à proximité de Léran, est une étendue d'eau majestueuse qui incarne la sérénité et la beauté des paysages de l'Ariège. Ses eaux calmes et claires s'étendent au pied des montagnes, créant un miroir naturel qui reflète la splendeur de la région.

Ce lac est bien plus qu'un simple plan d'eau ; il est un lieu de rencontre entre l'homme et la nature, un havre de paix qui offre une multitude d'expériences pour les visiteurs et les habitants de la région.

En été, le lac de Montbel se transforme en un lieu de détente et de loisirs. Les plages le long de ses rives accueillent les baigneurs en quête de rafraîchissement, tandis que les pique-niques en famille se multiplient sur ses berges ombragées. Les amateurs de sports nautiques y trouvent également leur bonheur, que ce soit en pratiquant la voile, le canoë, ou tout simplement en se laissant bercer par une balade en barque.

Les pêcheurs, quant à eux, se délectent des trésors aquatiques que recèle le lac, avec des truites, des brochets et d'autres espèces qui animent ses profondeurs.

L'automne peint les rives du lac de Montbel d'une palette de couleurs chaudes, créant un décor idéal pour les randonneurs qui explorent les sentiers environnants.

Les oiseaux migrateurs y font halte, offrant un spectacle ornithologique fascinant.

En hiver, le lac revêt un manteau de calme et de tranquillité, ses eaux paisibles reflétant la blancheur des montagnes enneigées.

Les promenades hivernales sur ses berges procurent une sensation de paix et d'harmonie.

Le lac de Montbel, c'est un peu de tout cela : une source de détente, d'inspiration et d'aventure.

C'est un écrin naturel qui résonne de souvenirs partagés, de moments paisibles et d'une connexion profonde avec la nature.

Au fil des saisons, il incarne la magie changeante de l'Ariège, un joyau dans le paysage déjà somptueux de cette belle région.

Le lac de Montbel est bien plus qu'une simple étendue d'eau ; il est une véritable oasis de calme et de beauté, un trésor au cœur de l'Ariège.

Biodiversité florissante :

Le lac de Montbel abrite une biodiversité riche et variée.

Les amoureux de la nature peuvent y observer une grande variété d'oiseaux, de poissons et de plantes qui prospèrent dans cet environnement préservé.

Les berges du lac sont un refuge pour de nombreuses espèces d'oiseaux, en particulier lors des migrations saisonnières.

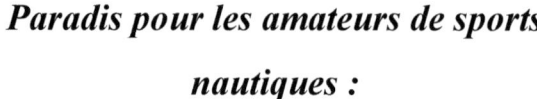

Paradis pour les amateurs de sports nautiques :

Le lac offre une multitude d'activités pour les amateurs de sports nautiques. Que ce soit la voile, la planche à voile, le canoë-kayak ou le paddle, le lac de Montbel est un endroit idéal pour les passionnés d'aventure aquatique.

Les écoles de voile locales proposent des cours pour les débutants et des compétitions pour les experts.

Lieu de pique-nique et de détente :

Les rives du lac sont dotées de nombreuses aires de pique-nique ombragées, où les familles et les amis peuvent se réunir pour partager un repas en plein air.

La vue paisible sur le lac et les montagnes environnantes crée une atmosphère propice à la détente et à la convivialité.

Une escapade romantique :

Le lac de Montbel est aussi un endroit prisé pour les couples en quête d'une escapade romantique. Les couchers de soleil sur le lac, la douce brise, et les paysages pittoresques en font un cadre idéal pour des moments intimes.

La magie des activités hivernales :

Lorsque l'hiver arrive, le lac de Montbel ne perd pas de son charme.

Échos de Léran :
Poésie d'Ariège :

Les alentours du lac offrent des sentiers de randonnée et des pistes de ski de fond, transformant le lac en un lieu de retraite hivernale, parfait pour la pratique de la marche en raquettes et de la photographie hivernale.

En somme, le lac de Montbel est un trésor de la nature qui se dévoile sous de multiples facettes tout au long de l'année.

Que ce soit pour une aventure en plein air, un moment de détente ou une exploration de la biodiversité, le lac de Montbel est une destination incontournable dans la région de Léran, un lieu où la magie de la nature se mêle à la quiétude de l'Ariège.

Les environs de Léran regorgent de rivières, de ruisseaux et de lacs, chacun possédant son propre charme et sa propre histoire.

Ces cours d'eau et étendues d'eau contribuent à la richesse naturelle et au paysage pittoresque de la région ariégeoise.

Voici un aperçu de certains d'entre eux :

La rivière Hers-Vif :

Cette rivière serpente gracieusement à travers les vallées ariégeoises, offrant des paysages sereins et des rives verdoyantes.

Elle est propice à la pêche, à la baignade et aux promenades au bord de l'eau.

Les ruisseaux qui se jettent dans l'Hers-Vif créent des cascades pittoresques et ajoutent à la beauté de la région.

Le lac de Puivert :

Niché au pied du château de Puivert, ce lac est une destination prisée des amateurs de plein air.

Les eaux calmes du lac se prêtent à la baignade, à la planche à voile et à la pêche.

Les sentiers de randonnée autour du lac offrent également des vues spectaculaires sur les montagnes environnantes.

Le lac de Montbel :

Comme évoqué précédemment, le lac de Montbel est une étendue d'eau majestueuse qui offre une variété d'activités, notamment la voile, la pêche, la randonnée et la natation.

Ses rives sont bordées d'arbres, créant des endroits ombragés parfaits pour les pique-niques en famille.

Le ruisseau de la Bruyante :

Ce ruisseau sinueux traverse les prairies et les bois à proximité de Léran, ajoutant un charme bucolique à la région.

Ses eaux claires sont propices à la pêche et à l'exploration de la nature.

Le lac de Gourbit :

Ce petit lac, situé à proximité du village de Gourbit, est un havre de paix.

Il est encadré par des montagnes imposantes et invite à la tranquillité, à la pêche, et à la contemplation.

Les sentiers de randonnée dans les environs offrent des panoramas spectaculaires.

Chacun de ces cours d'eau et lacs est un trésor naturel, une invitation à explorer la beauté des environs de Léran et à s'immerger dans la sérénité de la campagne ariégeoise.

Ces étendues d'eau offrent des opportunités de loisirs en plein air, de détente et de découvertes pittoresques, ajoutant ainsi à l'attrait de cette région.

Animations de Léran :

Les animations du village de Léran sont un reflet vibrant de la vie communautaire et de la culture locale.

Elles apportent une touche d'excitation, d'interaction et de convivialité au sein de cette charmante localité ariégeoise.

Voici ce que l'on peut dire sur ces animations :

Célébrations traditionnelles :

Léran est le théâtre de nombreuses célébrations traditionnelles tout au long de l'année.

Parmi elles, on trouve les fêtes locales, les processions religieuses, et les événements marquant les saisons.

Ces célébrations perpétuent des coutumes ancestrales et rassemblent la communauté dans une atmosphère de joie et de fierté.

Marchés colorés :

Les marchés hebdomadaires de Léran sont une vitrine de l'artisanat local, de la gastronomie régionale et des produits du terroir.

Ils attirent les habitants et les visiteurs qui se retrouvent pour découvrir les spécialités ariégeoises, échanger des nouvelles et partager un moment de convivialité.

Concerts et spectacles :

Les concerts et les spectacles sont une autre facette des animations de Léran.

Musiciens, artistes et troupes de théâtre locaux, ainsi que des talents venus d'ailleurs, offrent des soirées de divertissement où la musique, la danse et la créativité s'épanouissent.

Expositions artistiques :

Léran abrite des expositions artistiques qui mettent en valeur le talent des artistes locaux. Peintures, sculptures, photographies et artisanat d'art sont présentés, apportant une dimension culturelle à la vie du village.

Ateliers et événements éducatifs :

Les ateliers éducatifs et les événements spéciaux sont organisés pour encourager l'apprentissage, la créativité et l'échange de connaissances.
Ils offrent aux résidents de tous âges la possibilité de s'engager dans des activités enrichissantes.

Sport et plein air :

Léran propose également une variété d'événements sportifs et d'activités de plein air, des tournois de pétanque aux courses cyclistes, en passant par la randonnée et les compétitions sportives locales.

En résumé :

Ces animations du village de Léran contribuent à créer un tissu social fort et dynamique.

Elles renforcent le sentiment d'appartenance à la communauté, favorisent les rencontres entre les habitants et les visiteurs, et apportent une touche d'animation à la vie quotidienne de ce village ariégeois pittoresque.

Ces moments de convivialité sont l'âme de Léran et la clé de son charme.

Les marchés gourmands de Léran sont un véritable régal pour les sens, une expérience culinaire qui réunit la communauté dans une ambiance conviviale et festive.

Ces événements mettent en avant la richesse de la gastronomie ariégeoise tout en créant des moments de partage et de découverte.

Voici ce que l'on peut dire sur les marchés gourmands de Léran :

Découverte de saveurs locales :

Les marchés gourmands de Léran sont l'occasion idéale de découvrir les délices de l'Ariège.

Les producteurs locaux y présentent leurs spécialités, mettant en avant des fromages artisanaux, des charcuteries de qualité, des plats traditionnels et des produits du terroir qui réveillent les papilles.

Produits frais et de saison :

Les marchés gourmands de Léran mettent l'accent sur les produits frais et de saison. Les fruits et légumes, les herbes aromatiques, les miels locaux, et bien d'autres trésors de la nature ariégeoise y sont mis en avant.

Les visiteurs peuvent ainsi s'approvisionner en ingrédients de qualité pour leurs repas.

Ambiance chaleureuse :

L'atmosphère des marchés gourmands de Léran est conviviale et festive. Les habitants et les visiteurs se mêlent, discutent avec les producteurs, partagent des anecdotes et dégustent des mets délicieux autour de tables communes.

C'est l'occasion de tisser des liens, de rencontrer de nouvelles personnes et de profiter de la chaleur de la communauté.

Artisanat local :

Les marchés gourmands mettent également en avant l'artisanat local.

Les visiteurs peuvent découvrir des créations artisanales, des objets d'art, et des produits faits à la main, ajoutant ainsi une touche artistique à l'expérience.

Échos de Léran :
Poésie d'Ariège :

Musique et divertissement :

Certains marchés gourmands de Léran sont animés par des musiciens locaux, créant une ambiance festive avec des mélodies en direct.

Des activités pour les enfants et des spectacles peuvent également être au programme, offrant une expérience complète pour toute la famille.

Valorisation du terroir :

Les marchés gourmands de Léran jouent un rôle essentiel dans la valorisation du terroir ariégeois.

Ils soutiennent les producteurs locaux, promeuvent la consommation responsable, et mettent en lumière la richesse de la région.

C'est la raison pour laquelle, les marchés gourmands de Léran sont bien plus qu'une simple occasion de faire ses courses.

Ce sont des événements qui célèbrent la gastronomie, le savoir-faire local et la *convivialité, créant ainsi une expérience mémorable pour tous ceux qui ont la chance de les vivre.*

Ces marchés sont une fenêtre ouverte sur l'âme gourmande et chaleureuse de Léran et de l'Ariège.

La Fête de la Musique à Léran :

La Fête de la Musique à Léran est un événement incontournable, une célébration joyeuse qui réunit la communauté dans une atmosphère de liesse et de créativité musicale.

Chaque année, cette fête colorée donne lieu à des moments inoubliables, à la découverte de nouveaux talents et à des performances musicales qui enchantent les résidents et les visiteurs de tous âges.

Voici ce que l'on peut dire sur la Fête de la Musique à Léran :

Une célébration de la musique dans tous ses genres :

La Fête de la Musique à Léran est un événement qui célèbre la diversité musicale sous toutes ses formes.

Des groupes locaux aux solistes, du jazz à la musique classique, en passant par le rock, le folk, et la chanson française, chaque style trouve sa place pour le plus grand plaisir de tous.

La Fête de la Musique à Léran est bien plus qu'un simple événement musical ; c'est une célébration de l'art, de la culture et de la vie communautaire.

Elle incarne l'âme chaleureuse et créative de Léran et renforce les liens entre les habitants, les visiteurs et la musique, offrant ainsi une expérience mémorable à tous ceux qui y participent.

Scènes et lieux variés :

Les performances se déroulent sur plusieurs scènes, donnant ainsi l'occasion à de multiples artistes de se produire dans des lieux variés, tels que la place du village, les jardins, les terrasses des cafés, et même parfois dans les ruelles pittoresques.

Chaque coin de Léran se transforme en un lieu de célébration musicale.

Talent local mis en avant :

La Fête de la Musique à Léran met en avant les talents locaux, donnant aux musiciens de la région l'opportunité de briller sur scène.

C'est un tremplin pour les artistes émergents qui partagent leur passion avec le public et qui reçoivent en retour une reconnaissance bien méritée.

Participation communautaire :

La Fête de la Musique est souvent l'occasion pour les résidents de Léran de participer activement en organisant des concerts dans leurs jardins ou en ouvrant leur porte pour des jam-sessions improvisées.

La musique est ainsi partout, et chacun peut contribuer à l'ambiance festive.

Un moment de partage :

La Fête de la Musique à Léran est avant tout un moment de partage.

Les habitants et les visiteurs se rassemblent pour écouter de la musique, danser, chanter, et échanger des sourires et des conversations, créant ainsi des souvenirs inoubliables.

Convivialité et atmosphère festive :

L'ambiance est chaleureuse et festive, marquée par la convivialité et le plaisir d'être ensemble.

Les rires, les applaudissements et l'énergie positive se font entendre dans tout le village.

Léran en Poésie :

Léran, joyau des Pyrénées :

Léran, petit village au cœur des Pyrénées,
Niché dans un écrin de verdure et de montagnes,
Tes ruelles étroites, tes maisons ensoleillées,
Offrent un spectacle enchanteur à qui les
accompagne.

Le château médiéval trône avec majesté,
Gardien des secrets d'un passé glorieux,
Les remparts racontent une histoire enchantée,
Léran, tu es un joyau précieux.

Les vallées verdoyantes qui t'entourent,
Sont un terrain de jeu pour les amateurs de
nature,
Les lacs et les rivières, où l'eau murmure,
Invitent à la détente et à l'aventure.

Échos de Léran :
Poésie d'Ariège :

Léran, village pittoresque au charme authentique,

Tu es un véritable trésor dans les montagnes,

Un lieu où l'on se ressource et l'on pratique,

Une destination qui laisse des souvenirs qui

gagnent.

Léran, berceau d'histoire :

Léran, berceau d'histoire et de légendes,

Où les pierres racontent des siècles de vie,

Tes rues pavées, tes maisons imprenables,

Sont le témoignage d'un passé qui nous défie.

Le château fort, témoin des temps anciens,

Raconte les batailles et les conquêtes,

Les vieilles pierres renferment des destins,

Léran, tu es une page d'histoire qui s'apprête.

Les musées et les expositions valorisent,

Les traditions et les coutumes locales,

Léran, tu es un lieu où l'on s'émerveille,

Devant la richesse de ta culture qui scintille.

Léran, village chargé d'histoire et de mémoire,

Tu es une fenêtre ouverte sur le passé,

Un lieu où l'on découvre des trésors en miroir,

Une destination qui ne cesse de fasciner.

Léran, douceur de vivre :

Léran, douceur de vivre en plein cœur,
Où le temps semble s'écouler plus lentement,
Tes ruelles paisibles, tes places en fleurs,
Offrent un havre de paix à chaque instant.

Les terrasses animées, où l'on se retrouve,
Pour déguster les saveurs de la région,
Léran, tu es un lieu où la convivialité se prouve,
Où l'on savoure chaque instant avec passion.

Les paysages environnants, entre lacs et montagnes,
Invitent à la contemplation et à la détente,
Les activités de plein air, qui se gagnent,
Permettent de se ressourcer et de se sentir vivant.

Échos de Léran :
Poésie d'Ariège :

Léran, village empreint de quiétude et de sérénité,

Tu es un lieu où l'on prend le temps de vivre,

Un endroit où l'on se connecte à l'essentiel, en

vérité,

Une destination qui apaise et fait revivre.

Léran, nature préservée :

Léran, village entouré de nature préservée,
Où les montagnes se dressent fièrement,
Les forêts verdoyantes, écosystème enivrée,
Sont un véritable trésor vivant.

Les sentiers de randonnée, véritables invitations,
À explorer les paysages grandioses,
Les lacs et les rivières, sources d'inspiration,
Sont des oasis de calme où l'on se repose.

Les oiseaux qui chantent, les fleurs qui
s'épanouissent,
Rendent hommage à la beauté de la nature,
Léran, tu es un refuge où l'on se nourrit,
De la pureté et de l'énergie qui l'entourent.

Léran, village entouré de merveilles naturelles,
Tu es un paradis pour les amoureux de l'extérieur,
Un lieu où l'on se reconnecte à l'essentiel,
Une destination qui éveille les sens avec bonheur.

Léran, source d'inspiration :

Léran, source d'inspiration pour les artistes,

Où la beauté se dévoile à chaque coin de rue,

Tes paysages envoûtants, tes vues artistiques,

Sont une muse pour ceux qui veulent peindre

l'inconnu.

Les ateliers d'artisans, où les mains créent,

Donnent naissance à des œuvres uniques et

vibrantes,

Léran, tu es un foyer où l'expression se concrète,

Un lieu où l'art et la créativité se rencontrent.

Les événements culturels, qui résonnent,

Dans le cœur des habitants et des visiteurs,

Léran, tu es un lieu où l'art se façonne,

Une destination qui inspire et suscite des

émotions pures.

Léran, village nourri par l'art et l'expression,

Tu es un lieu où l'imagination se déploie,

Un endroit où l'on ressent une profonde
fascination,

Pour la créativité qui s'exprime avec joie.

Léran, village enchanteur :

Léran, village enchanteur,

Niché au cœur de la nature,

Ruelles étroites, lumière et bonheur,

Éveille en moi charme et passion pure.

Les maisons de pierre, témoins du temps,

Racontent des histoires d'un passé lointain,

Et dans tes rues, je me perds, émerveillé,

Par ton authenticité qui n'a pas de fin.

Les jardins fleuris, véritables oasis,

Offrent des couleurs vives et parfumées,

Et les habitants, chaleureux et souriants,

Sont les gardiens de cette harmonie préservée.

Léran, village plein de charme,

Tes paysages sont une source d'inspiration,

Je me laisse envelopper par ton âme,

Et je m'émerveille de ta beauté en toute occasion.

Léran, refuge poétique :

Léran, refuge poétique,
Tes rues étroites inspirent les mots,
Les poètes se laissent emporter par la magie,
Et écrivent des vers à l'encre de leurs échos.

Les vignes s'étendent à perte de vue,
Comme des versets dans un livre ouvert,
Les collines, mélodieuses et ingénues,
Créent une symphonie qui me fait vibrer.

Les artistes se réunissent dans ton étreinte,
Et la beauté de ton paysage se révèle,
Les pinceaux dansent, les mots peignent,
Une toile vivante qui captive et ensorcelle.

Léran, refuge des âmes créatives,
Je me laisse envoûter par ton atmosphère,
Et je me perds dans tes ruelles festives,
Où l'art et la poésie se mêlent en prière.

Léran, éternel émerveillement,

Tes rues pavées respirent l'histoire,

Les vieilles pierres, témoins du temps,

Racontent des légendes avec gloire.

Les églises, gardiennes de la foi,

S'élèvent fièrement vers le ciel,

Et dans tes places, la vie se déploie,

Dans une atmosphère paisible et belle.

Les marchés colorés, animés et joyeux,

Révèlent les saveurs de la terre,

Les produits du terroir, précieux,

Sont un véritable trésor à connaître.

Léran, village de charme et d'authenticité,

Je me laisse captiver par ton essence,

Et je m'émerveille de ta simplicité,

Qui fait de toi une perle de réjouissance.

Léran, joyau des Pyrénées :

Léran, petit village au cœur des Pyrénées,
Niché dans un écrin de verdure et de montagnes,
Tes ruelles étroites, tes maisons ensoleillées,
Offrent un spectacle enchanteur à qui les
accompagne.

Le château médiéval trône avec majesté,
Gardien des secrets d'un passé glorieux,
Les remparts racontent une histoire enchantée,
Léran, tu es un joyau précieux.

Les vallées verdoyantes qui t'entourent,
Sont un terrain de jeu pour les amateurs de
nature,
Les lacs et les rivières, où l'eau murmure,
Invitent à la détente et à l'aventure.

Léran, village pittoresque au charme authentique,

Tu es un véritable trésor dans les montagnes,

Un lieu où l'on se ressource et l'on pratique,

Une destination qui laisse des souvenirs qui

gagnent.

Léran, berceau d'histoire :

Léran, berceau d'histoire et de légendes,
Où les pierres racontent des siècles de vie,
Tes rues pavées, tes maisons imprenables,
Sont le témoignage d'un passé qui nous défie.

Le château fort, témoin des temps anciens,
Raconte les batailles et les conquêtes,
Les vieilles pierres renferment des destins,
Léran, tu es une page d'histoire qui s'apprête.

Les musées et les expositions valorisent,
Les traditions et les coutumes locales,
Léran, tu es un lieu où l'on s'émerveille,
Devant la richesse de ta culture qui scintille.

Léran, village chargé d'histoire et de mémoire,
Tu es une fenêtre ouverte sur le passé,
Un lieu où l'on découvre des trésors en miroir,
Une destination qui ne cesse de fasciner.

Léran, nature préservée

Léran, village entouré de nature préservée,
Où les montagnes se dressent fièrement,
Les forêts verdoyantes, écosystème enivrée,
Sont un véritable trésor vivant.

Les sentiers de randonnée, véritables invitations,
À explorer les paysages grandioses,
Les lacs et les rivières, sources d'inspiration,
Sont des oasis de calme où l'on se repose.

Les oiseaux qui chantent, les fleurs qui
s'épanouissent,
Rendent hommage à la beauté de la nature,
Léran, tu es un refuge où l'on se nourrit,
De la pureté et de l'énergie qui l'entourent.

Léran, village entouré de merveilles naturelles,
Tu es un paradis pour les amoureux de l'extérieur,
Un lieu où l'on se reconnecte à l'essentiel,
Une destination qui éveille les sens avec bonheur.

Léran, source d'inspiration :

Léran, source d'inspiration pour les artistes,
Où la beauté se dévoile à chaque coin de rue,
Tes paysages envoûtants, tes vues artistiques,
Sont une muse pour ceux qui veulent peindre
l'inconnu.

Les ateliers d'artisans, où les mains créent,
Donnent naissance à des œuvres uniques et
vibrantes,
Léran, tu es un foyer où l'expression se concrète,
Un lieu où l'art et la créativité se rencontrent.

Les événements culturels, qui résonnent,
Dans le cœur des habitants et des visiteurs,
Léran, tu es un lieu où l'art se façonne,
Une destination inspirante de bonheur.

Échos de Léran :
Poésie d'Ariège :

Léran, village nourri par l'art et l'expression,

Tu es un lieu où l'imagination se déploie,

Un endroit où l'on ressent une profonde

fascination,

Pour la créativité qui s'exprime avec joie.

Léran, toile des merveilles

Léran, village de charme et de rêverie,

Où flânent les âmes éprises de beauté,

Tes ruelles étroites, telles des allées infinies,

Dévoilent des trésors d'une rare félicité.

Les maisons à colombages, témoins du passé,

Racontent des histoires d'amour et de trahison,

Et dans tes murs, je me sens ensorcelé,

Par ton aura mystérieuse, lourde d'émotion.

Les fontaines murmurent des secrets d'antan,

Leurs eaux cristallines chantent une mélodie,

Et les habitants, bienveillants et accueillants,

Sont les gardiens de cette douce harmonie.

Léran, village aux couleurs éclatantes,

Tu es une toile où se mêlent les tons,

Je me laisse envoûter par tes nuances vibrantes,

Et je me perds dans ton charme sans horizon.

Léran, théâtre des émotions :

Léran, village théâtre où se jouent les destins,
Tes rues pavées sont les scènes d'un drame,
Les acteurs, masqués par les ombres de tes
jardins,
Interprètent des rôles chargés de flamme.

Les murs chargés d'histoire murmurent des vers,
Comme les pages d'un livre aux mille chapitres,
Et dans tes places, les échos des éclats de rire,
Resonnent, éveillant l'âme des poètes et des
écrivains.

Les marchés colorés offrent un festin visuel,
Les étals débordent de produits savoureux,
Et les artisans, habiles et spirituels,
Sont les maîtres de cet univers merveilleux.

Échos de Léran :
Poésie d'Ariège :

Léran, village où les émotions se dévoilent,

Je me laisse emporter par ton théâtre vivant,

Et je m'immerge dans tes histoires qui se

déploient,

Un spectacle éternel, un enchantement constant.

O village de Léran :

O village de Léran, joyau caché,
Où la nature danse en harmonie,
Tes rues tranquilles et tes champs épanouis,
Captivent mon âme et éveillent ma poésie.

Les arbres majestueux se dressent fièrement,
Leurs branches s'entremêlent dans un ballet
modeste,
Les fleurs sauvages colorent chaque instant,
Les oiseaux chantent une symphonie céleste.

Les discrètes maisons, témoins de l'histoire,
Portent en elles l'empreinte du temps,
Leurs murs de pierre racontent des mémoires,
Des vies vécues sous leur doux enchantement.

Le doux murmure de la rivière qui coule,
Apaise mes pensées et nourrit mon esprit,
Transportant les secrets en boule,
Et m'emporte vers un monde infini.

Les habitants, chaleureux et accueillants,
Sont les gardiens de cette citée enchanteresse,
Leurs sourires éclatent tel un soleil
resplendissant,
Leur bienveillance réchauffe mon cœur en
détresse.

O village de Léran, source d'inspiration,
Je me laisse porter par ta magie,
Dans tes rues paisibles, je trouve la connexion,
Avec la nature et l'essence de la vie.

Chaque pas que je fais dans tes contrées,
Est un pas vers la découverte de moi-même,
Chaque instant passé en ta compagnie,
Est une étreinte d'amour et de poèmes.

Ô village de Léran, je te célèbre en vers,
Dans l'esprit des fidèles poètes de l'âme,
Que ta beauté perdure et ne cesse de se
renouveler,
Comme un écho éternel, une chanson qui réclame.

Léran, Éveil de l'Aube :

Au lever de l'aube, le village s'éveille,
Léran, berceau de douceur et de quiétude,
Les toits effleurés par les premiers rayons du
soleil,
Réveillent en moi une gratitude.

Les ombres de la nuit se dissipent lentement,
Laissant place à une symphonie de couleurs,
Les teintes de l'aurore embrasent chaque instant,
Et font naître en moi un sentiment de bonheur.

Les rues endormies s'animent doucement,
Les habitants vaquent à leurs occupations,
Leurs pas résonnent et cela s'entend,
Créant une harmonie, tel une chanson.

Le chant des oiseaux accompagne ma
déambulation,
Leurs mélodies s'entremêlent avec les murmures
du vent,

Échos de Léran :
Poésie d'Ariège :

Et mon cœur s'empli d'une profonde émotion,

Face à cette nature qui m'offre un présent.

Léran, village au charme intemporel,

Je te contemple avec admiration,

Chaque matin, c'est un réveil spirituel,

Une renaissance emplie de réflexion.

Léran, Échos du Passé :

Léran, village marqué par l'histoire,
Tes vieilles pierres murmurent des récits,
Chaque maison, chaque rue est témoignage de
mémoire,
Une trace figée dans le temps qui jamais ne
s'oublie.

Les murs décrépis portent les cicatrices du temps,
Des siècles d'existence gravés dans leurs fissures,
Ils racontent des légendes, des amours déchirants,
Et transportent mon esprit vers des aventures.

Les ruelles étroites m'invitent à la déambulation,
Chaque pas me rapproche des temps révolus,
L'écho des voix anciennes dans chaque
intersection,
Je me laisse emporter par leur appel impromptu.

Les vestiges du passé se dévoilent avec grâce,
Les vestiges d'un village qui a su traverser les
âges,

Échos de Léran : Poésie d'Ariège :

Dans mes pensées, bien sûr, je les embrasse,

Fragments d'histoire faisant vibrer mon être

devenu sage.

Léran, gardien de la mémoire collective,

Je te célèbre et te contemple avec émotion,

Chaque pierre, chaque recoin est une histoire

vive,

Un héritage précieux qui guide mon inspiration.

Léran, Éclats de Nature :

Léran, village enchâssé dans la nature,
Tes paysages sont une source d'émerveillement,
Les collines verdoyantes qui tutoient les cieux
purs,
Éveillent en moi un sentiment d'épanouissement.

Les champs vallonnés s'étendent à perte de vue,
Tels des draps verts déployés par la main de la
Terre,
Dans ce tableau idyllique, je me perds éperdu,
En quête d'une connexion sincère.

Les arbres majestueux se dressent fièrement,
Leurs feuillages dansent au gré du vent,
Et dans leur ombre, je me sens réellement,
Un être humble et des plus reconnaissant.

Les ruisseaux limpides qui serpentent avec
délicatesse,
Offrent une symphonie apaisante à mes oreilles,

Échos de Léran :
Poésie d'Ariège :

Leurs eaux cristallines, sont une caresse,
Qui transporte mon âme vers des merveilles.

Léran, village où la nature est reine,
Je te célèbre avec humilité,
Chaque paysage est une toile qui me fascine,
Un refuge où je trouve la sérénité.

Léran, Éternel Printemps :

Léran, village où le printemps s'éternise,

Tes jardins fleuris sont un écrin de couleurs,

Les tulipes, les roses, les jacinthes se hissent,

Et embaument l'air de leurs douces odeurs.

Les papillons virevoltent avec insouciance,

Leurs ailes chatoyantes caressent les fleurs,

Dans leur danse légère, je ressens l'essence,

De la vie qui s'épanouit avec grande ardeur.

Les abeilles affairées butinent les corolles,

Leurs bourdonnements résonnent en symphonie,

Elles récoltent le nectar, source de leur parole,

Donnant vie à une nature des plus unie.

Les arbres frémissent sous la brise légère,

Leurs feuilles verdoyantes créent une voûte,

Je me laisse bercer par leur aura sincère,

Un murmure de vie qui efface mes doutes.

Léran, village où le printemps est éternel,

Échos de Léran :
Poésie d'Ariège :

Je te célèbre avec ferveur et allégresse,

Chaque fleur, chaque instant est un appel,

À savourer cette beauté de nature en liesse.

Léran, Doux Refuge :

O Léran, village enchanteur,

Ton charme me captive telle une mélodie,

Tes paisibles rues et tes jardins en fleurs,

Sont un refuge où mon âme se nourrit.

Les vallées verdoyantes embrassent tes terres,

Et les montagnes lointaines veillent sur toi,

Le chant des oiseaux dans l'air pur me fait taire,

Et emplit mon cœur d'un bonheur sans émoi.

Les doux murmures de la rivière qui coule,

Bercent mes pensées et apaisent mes soucis,

Je suis en harmonie avec la nature qui s'écoule,

Et je trouve en toi un havre de paix infini.

Échos de Léran :
Poésie d'Ariège :

Les maisons de pierre, témoins du temps passé,

Racontent des histoires empreintes de mystère,

Leurs façades ornées d'élégance et de beauté,

Captivent mon regard et alimentent ma chimère.

O Léran, village où le temps semble suspendu,

Je me perds en tes ruelles étroites et sinueuses,

Chaque pas que je fais est un voyage éperdu,

Dans un monde où règnent une grâce fabuleuse.

Léran, Éclat de Beauté :

Léran, village aux mille éclats,

Ton charme s'étend comme un voile de mystère,

Tes rues pavées et tes maisons de briques rouges,

Sont un spectacle de beauté dont je suis

prisonnier.

Les fleurs s'épanouissent avec une grâce infinie,

Leurs pétales délicats dansent au gré du vent,

Les parfums enivrants embaument l'air de magie,

Et transportent mon âme dans un monde enivrant.

Les jardins fleuris sont un tableau de couleurs,

Les roses, les iris, les marguerites se mêlent,

Leurs douces nuances créent une symphonie de

bonheur,

Et éveillent en moi une passion qui étincelle.

Les montagnes majestueuses embrassent

l'horizon,

Leurs sommets enneigés se perdent dans les cieux,

La pureté de leur allure est une invitation,

À contempler la grandeur de la nature sous nos

yeux.

Léran, village où la beauté est reine,

Je t'admire avec émerveillement et émotion,

Chaque coin de rue est une scène,

Où se joue un spectacle d'une rare perfection.

Léran, Chant de l'Âme :

Échos de Léran :
Poésie d'Ariège :

O Léran, village qui chante à mon cœur,

Tes paysages sont une ode à l'existence,

Les collines ondulantes et les champs en fleurs,

Éveillent en moi une profonde résonance.

Le chant des oiseaux résonne dans l'air,

Leurs mélodies pures et enivrantes,

Emplissent mon être d'une douce prière,

Et me transportent vers des contrées captivantes.

Les arbres se balancent au rythme du vent,

Leurs branches se rejoignent en une danse

céleste,

Leurs feuilles frémissent dans un murmure

enivrant,

Et créent une symphonie qui agite mon être.

Les ruisseaux cristallins murmurent leur doux

chant,

Leur eau pure et limpide caresse mes pensées,

Je me laisse bercer par ce flot apaisant,

Et je sens mon âme s'élever en légèreté.

Échos de Léran :
Poésie d'Ariège :

O Léran, village qui chante à l'unisson,

Je te célèbre avec amour et gratitude,

Chaque son, chaque note est une invitation,

À plonger dans l'harmonie de l'existence et de

l'amplitude.

Léran en tous sens :

Léran, village qui éveille mes sens,
Tes délices s'étendent à perte de vue,
Les saveurs exquises et les parfums intenses,
Sont un festin pour mon âme éperdue.

Les étals colorés du marché m'attirent,
Les étalages débordent de fruits et de légumes,
Leurs couleurs vives et leurs arômes exquis,
Éveillent mes papilles et ravivent mon
enthousiasme.

Les cafés animés de rires e de résonance,
Leurs arômes enivrants dansent dans l'air,
Je me laisse emporter par cette effervescence,
Et je savoure chaque instant sans le moindre
impair.

Les artisans talentueux exposent leurs créations,
Leurs œuvres d'art captivent mon regard,

Échos de Léran :
Poésie d'Ariège :

Je me laisse émerveiller par leur imagination,

Je suis inspiré par leur passion sans fard.

O Léran, village qui éveille mes sens,

Je te célèbre avec délectation et admiration,

Chaque saveur, chaque parfum est une

incandescence,

Qui nourrit mon être et éveille ma fascination.

Léran, Douce Mélancolie :

Léran, village où la mélancolie se fait compagne,
Tes paysages évoquent des souvenirs lointains,
Les couchers de soleil qui teignent le ciel
d'orange,
Font naître en moi une douce nostalgie sans fin.

Les rues silencieuses évoquent des temps révolus,
Des histoires d'amour perdues dans l'ombre du
passé,
Je me laisse imprégner par cette aura suspendue,
Et je ressens une mélancolie qui me hante.

Les vieilles maisons de pierre portent les traces
du temps,
Leurs façades usées racontent des vies oubliées,
Je me laisse envahir par leurs murmures
éloquents,
Et je plonge dans une mélodie de mélancolie
dévoilée.

Les champs en friche semblent conserver des
secrets,
Des instants de bonheur évanouis dans les
champs,
Je me laisse emporter par cette tristesse parfaite,
Et je me laisse bercer par la mélodie du temps.

O Léran, village où la mélancolie s'épanche,
Je te contemple avec une tendre affection,
Chaque coin de rue est une toile épanche,
Qui évoque en moi une douce réflexion.

Léran, Épopée des Temps :

Ô Léran, village aux mille histoires,
Ton nom résonne telle une légende,
Les siècles passés ont gravé dans ta mémoire,
Des récits d'une grandeur sans pareille, si
grande.

Échos de Léran :
Poésie d'Ariège :

Tes ruelles étroites sont des sentiers d'aventure,

Où les pas des ancêtres résonnent encore,

Les maisons de pierre, témoins de la nature,

Racontent les épopées d'un temps qui s'endort.

Les montagnes majestueuses te protègent,

Leurs sommets touchent les cieux éternels,

Elles sont les gardiennes d'un passé qui ne

s'efface,

Et veillent sur toi, village immortel.

Léran, berceau de légendes et de mystères,

Je contemple tes paysages avec émerveillement,

Chaque pierre, chaque rue est un vers,

Qui chante l'épopée de ton histoire,

grandiosement.

Léran, Douce Mélodie :

Léran, village où le temps se suspend,
Tes rues sont une symphonie envoûtante,
Les mélodies du passé résonnent,
Et emplissent mes oreilles d'une douceur
enivrante.

Les maisons de charme, aux façades
majestueuses,
Sont des partitions d'une beauté rare,
Leurs fenêtres sont les notes harmonieuses,
Qui s'élèvent dans l'air, légères comme l'air.

Les arbres centenaires dansent au gré du vent,
Leurs branches sont des instruments célestes,
Leurs feuilles frémissent en un doux mouvement,
Et créent une symphonie qui apaise les cœurs les
plus lestes.

Échos de Léran :
Poésie d'Ariège :

Les jardins fleuris sont une mélodie colorée,

Les roses, les lys, les tulipes s'entremêlent,

Leurs parfums envoûtants viennent caresser,

Mon âme qui se laisse emporter par leur chant

fidèle.

Léran, village où résonne une douce mélodie,

Je m'imprègne de tes vibrations enchanteresses,

Chaque son, chaque note est une harmonie,

Qui apaise mon être et éveille mes tendresses.

Léran, Éclat de Beauté :

Léran, village qui éblouit les yeux,

Tes paysages sont des tableaux de maîtres,

Les montagnes majestueuses, les champs

verdoyants,

Créent une symphonie de couleurs sans paraître.

Les ruelles pavées sont des allées de charme,

Où se promène la beauté à chaque pas,

Les maisons anciennes, fières et calmes,

Sont des joyaux d'une élégance qui ne trépasse

pas.

Les jardins fleuris sont des toiles vivantes,

Les iris, les dahlias, les pivoines s'épanouissent,

Leurs teintes chatoyantes, éclatantes,

Sont un ravissement pour les yeux qui les

nourrissent.

Les couchers de soleil embrasent le ciel,

Échos de Léran :
Poésie d'Ariège :

Leurs couleurs vibrantes illuminent l'horizon,

Ils transforment le village en un tableau irréel,

Et offrent à Léran une beauté sans comparaison.

Léran, village où brille la beauté,

Je te contemple avec émerveillement,

Chaque coin de rue est une œuvre d'art, une

réalité,

Qui enchante mes yeux et éveille mes sentiments.

Léran, Terre d'Inspiration :

Léran, village qui inspire les âmes,

Tes paysages sont une source d'inspiration,

Les artistes trouvent en toi un élixir de flamme,

Qui éveille leur créativité avec passion.

Les ruelles étroites sont des toiles d'expression,

Où les pinceaux dansent sur la toile blanche,

Les artistes captent la beauté de chaque saison,

Et transforment tes rues en galeries franches.

Les maisons de caractère sont des ateliers,

Où les artisans et les écrivains trouvent refuge,

Leurs mains habiles créent des merveilles,

Et leurs mots tracent des vers qui subjuguent.

Les montagnes majestueuses sont des muses,

Leurs sommets enneigés inspirent les poètes,

Leurs vallées verdoyantes offrent des vues,

Qui nourrissent l'imaginaire des artistes en quête.

Les rivières qui serpentent à travers tes terres,

Sont des symboles de flux créatif sans fin,

Les musiciens entendent leurs chants sincères,

Et composent des mélodies qui touchent le divin.

Léran, village où l'inspiration s'épanche,

Je te célèbre pour ton pouvoir créateur,

Chaque coin de rue est une source franche,

Qui nourrit les esprits et éveille les cœurs.

Léran, Éternité des Instants :

Léran, village aux mille éclats de lumière,
Ta beauté transcende le temps qui s'enfuit,
Les rayons du soleil caressent ta terre,
Et font danser tes secrets à l'infini.

Dans tes ruelles, l'histoire se dévoile,
Les pierres murmurent des récits anciens,
Les vestiges du passé sont l'étoile,
Qui guide mes pas vers des lendemains.

Les montagnes majestueuses sont les gardiennes,
De tes mystères cachés dans l'horizon,
Elles renferment des énigmes qui fascinent,
Et éveillent en moi une profonde réflexion.

Les étoiles dans le ciel, tels des poèmes,
Scintillent et illuminent ton obscurité,
Elles sont les témoins de tes doux thèmes,
Qui résonnent en moi avec une pureté.

Léran, village où l'éternité prend forme,

Je contemple ta beauté avec émerveillement,

Chaque instant est un trésor qui transforme,

Ma perception du monde, si profondément.

Léran, Échos du Passé :

Léran, village aux contours de l'histoire,
Tes murs détiennent les secrets du temps,
Les ancêtres ont gravé leur mémoire,
Dans chaque pierre, dans chaque monument.

Les ruelles sinueuses sont des corridors,
Où les voix du passé murmurent encore,
Les souvenirs se mêlent aux pas des visiteurs,
Et réveillent en moi un sentiment fort.

Les maisons de caractère sont des témoins,
Des époques révolues, des histoires oubliées,
Leurs façades décrivent des destins,
Qui ont marqué ton existence, ô Léran adorée.

Les ruines des châteaux sont des vestiges,
D'un temps révolu, d'une grandeur passée,
Leurs murs effrités portent l'héritage,
D'une époque glorieuse, d'une épopée tracée.

Échos de Léran :
Poésie d'Ariège :

Léran, village aux échos du passé,

Je me plonge dans tes histoires envoûtantes,

Chaque instant est un voyage qui me renvoie,

Vers des temps anciens, vers une époque

palpitante.

Léran, Charme Mystérieux :

Léran, village où le mystère se déploie,
Tes paysages sont empreints d'une aura magique,
Les rayons du soleil filtrent à travers les bois,
Et révèlent des secrets qui me laissent songeur.

Tes ruelles étroites sont des chemins enchantés,
Où les ombres dansent et se fondent dans la nuit,
Les murmures du vent apportent des vérités,
Qui se cachent dans le silence, en toute quiétude.

Les maisons de charme sont des demeures
secrètes,
Où les mystères se cachent derrière chaque porte,
Leurs fenêtres voilées dévoilent des poètes,
Qui écrivent des vers enflammés, tels des
cohortes.

Les forêts qui t'entourent sont des sanctuaires,
Où les esprits sylvestres se jouent des visiteurs,

Échos de Léran :
Poésie d'Ariège :

Leurs murmures chuchotent des légendes singulières,
Et nourrissent mon imagination, sans cesse en éveil.

Léran, village au charme mystérieux,
Je me laisse emporter par ta magie envoûtante,
Chaque pas est une découverte, un jeu,
Dans un univers où les mystères sont fascinants.

Léran, Éclat des Couleurs :

Léran, village où se mêlent les teintes,
Tes paysages sont une palette de couleurs,
Les nuances chatoyantes, les doux reflets,
Font de toi un tableau vibrant, enivrant les cœurs.

Les ruelles pavées sont des chemins de lumière,
Où les rayons du soleil caressent les façades,
Les couleurs vives, les peintures singulières,
Offrent une symphonie visuelle qui se propage.

Les jardins fleuris sont des explosions de vie,
Les roses, les tulipes, les iris s'épanouissent,
Leurs pétales délicats, leurs parfums exquis,
Embaument l'air et éveillent mes sens qui
s'épanouissent.

Les champs verdoyants s'étendent à l'infini,
Les blés ondulent sous la caresse du vent,
Leurs tons dorés, leur texture infinie,
Créent une harmonie visuelle, un ravissement
permanent.

Léran, village où l'éclat des couleurs éblouit,

Je me laisse transporter par ta palette enchantée,

Chaque regard est une explosion de vie, un

réjouit,

Dans un monde où les couleurs vibrent en

harmonie.

Léran, Éveil des Sens :

Léran, village qui éveille les sens,
Tes charmes sont une symphonie sensorielle,
Les parfums envoûtants, les saveurs intenses,
Font de toi un lieu où règne une ambiance
exceptionnelle.

Les cafés animés embaument l'air,
Leurs arômes de café et de douceur,
Éveillent les papilles, invitent à se laisser faire,
Dans une dégustation gourmande, un bonheur.

Les marchés colorés sont un festival de senteurs,
Les étals débordent de fruits et de fleurs,
Leurs parfums enivrants, leurs couleurs,
Captivent les sens, éveillent les cœurs.

Les festivals et les fêtes animent le village,
Les musiques enivrantes, les danses endiablées,
Réveillent les sens, invitent à vivre,
Des moments de joie, de convivialité partagée.

Échos de Léran :
Poésie d'Ariège :

Léran, village qui éveille les sens,

Je te célèbre pour ta richesse sensorielle,

Chaque expérience est une invitation intense,

À découvrir tes plaisirs, toi qui est merveille.

Léran, Joyau Éternel :

Léran, joyau éternel aux mille reflets,
Tes paysages sont une toile d'une beauté rare,
Les montagnes majestueuses, les lacs secrets,
Captivent les cœurs, laissant une empreinte
singulière.

Dans tes ruelles, l'histoire murmure doucement,
Les pierres anciennes portent les récits du passé,
Les vestiges des siècles passés, témoins
émouvants,
Raconte l'épopée de tes ancêtres, enracinés à
jamais.

Les forêts mystérieuses sont des sanctuaires,
Où les arbres murmurent des légendes oubliées,
Leurs branches entrelacées, telles des prières,
Ouvrent les portes vers des mondes insoupçonnés.

Échos de Léran :
Poésie d'Ariège :

Les eaux limpides des rivières et des cascades,

Chantent une mélodie apaisante et envoûtante,

Leur doux murmure transporte vers des contrées,

Où les secrets de Léran se mêlent à l'âme errante.

Léran, village aux mystères délicats,

Je te célèbre dans ces vers, ô douce merveille,

Chaque instant est une invitation à contempler,

L'éternité de ta beauté, de ton histoire sans

pareille.

Léran, Échos du Temps :

Léran, village où le temps se révèle,

Tes ruelles sont des passages vers l'histoire,

Les maisons de pierre, les façades fidèles,

Gardent les échos des vies passées en mémoire.

Les châteaux majestueux dressent leur silhouette,

Témoins de rois et de reines, de leurs légendes,

Leurs murs robustes renferment des secrets,

Qui s'entremêlent avec les brises du temps qui descend.

Sur les collines verdoyantes, les ruines se dressent,

Des vestiges du passé qui évoquent une grandeur perdue,

Leurs pierres usées portent des histoires qui ne cessent,

De hanter les esprits curieux en quête d'inconnu.

Échos de Léran :
Poésie d'Ariège :

Léran, village où les échos du temps résonnent,

Je m'imprègne de tes mystères, ô lieu enchanteur,

Chaque pas me plongée dans un passé qui
frissone,

Une célébration de ton héritage, de ta grandeur.

Léran, Douce Mélodie :

Léran, village où la musique s'épanouit,
Tes ruelles sont des partitions symphoniques,
Les notes légères flottent dans l'air qui fuit,
Créant une mélodie enchanteresse et magique.

Les musiciens, poètes de l'âme, trouvent refuge,
Dans tes maisons de charme au crépuscule doré,
Leurs chants et leurs instruments, un déluge,
De sons qui éveillent les sens, les cœurs inspirés.

Les montagnes majestueuses sont leurs complices,
Leurs échos amplifient la beauté des mélodies,
Les vallées verdoyantes, leurs harmonies
complices,
Créent un orchestre naturel, une symphonie
infinie.

Échos de Léran :
Poésie d'Ariège :

Léran, village où la musique danse dans l'air,

Je m'imprègne de ta douce mélodie, ô inspiration,

Chaque note est une caresse, un souffle éphémère,

Une célébration de la beauté musicale de ta

création.

Léran, Jardin des Sens :

Léran, jardin des sens où la nature s'épanouit,
Tes paysages sont un tableau vivant d'émotions,
Les fleurs délicates, les parfums qui envahissent,
Captivent les sens, offrant une pause dans
l'action.

Les jardins fleuris sont des toiles colorées,
Où les roses, les tulipes, les lys se déploient,
Leurs pétales délicats, leurs couleurs
harmonisées,
Créent une symphonie visuelle qui éclot.

Les arbres majestueux se dressent en sentinelles,
Leurs feuilles dansent au rythme du vent,
Leurs écorces rugueuses racontent les chroniques,
D'une nature puissante, d'un équilibre émouvant.

Les sentiers qui serpentent à travers tes terres,
Sont des invitations à la contemplation,
Les parfums enivrants, les brises légères,
Éveillent les sens, apaisent l'âme en méditation.

Léran, jardin des sens où la nature s'éveille,

Je me laisse bercer par ta beauté, ô oasis,

Chaque instant est une caresse, une merveille,

Une célébration de la vie, de l'harmonie en tes

bras.

Léran, Éveil de l'Âme :

Léran, village où l'âme trouve refuge,
Tes paysages sont des miroirs de l'essence,
Les montagnes majestueuses, les lacs azurés,
Éveillent l'âme en quête de transcendance.

Les ruelles étroites sont des chemins initiatiques,
Où les pas résonnent avec une sérénité rare,
Les maisons de caractère sont des portes
magiques,
Ouvrant les horizons de l'âme sans pareil.

Les couchers de soleil embrasent les cieux,
Leurs couleurs flamboyantes illuminent les cœurs,
Leurs rayons caressent l'âme, offrant des vœux,
De paix, de sagesse, de bonheur intérieur.

Les lacs paisibles reflètent les étoiles,
Leurs eaux calmes invitent à la contemplation,
L'âme se perd dans leur profondeur sans voile,
Se reconnectant à l'essence de la création.

Échos de Léran :
Poésie d'Ariège :

Les temples anciens, gardiens de la spiritualité,
Élèvent l'âme vers des hauteurs célestes,
Leurs prières silencieuses, leur sérénité,
Inspirent l'âme en quête de vérité manifeste.

Léran, village où l'âme s'éveille à l'infini,
Je me laisse porter par ta magie, ô source
d'inspiration,
Chaque instant est une invitation à la vie,
Un voyage intérieur, un éveil de l'âme en
communion.

Léran, Perle d'Éternité :

Léran, perle d'éternité, village enchanteur,
Tes paysages sont une fresque divine,
Les collines ondulantes, les champs de fleurs,
Captivent les sens, éveillent l'âme encline.

Les ruelles étroites sont des chemins d'histoire,
Où les pierres murmurent des récits oubliés,
Les maisons de caractère, témoins de gloire,
Gardent les secrets enfouis du passé.

Les tours médiévales se dressent fièrement,
Leur silhouette majestueuse domine le ciel,
Leurs cloches résonnent, chassant les tourments,
Annonçant la grandeur de Léran, éternel.

Les lacs miroitent, reflets d'une beauté céleste,
Leurs eaux calmes cachent des trésors
insondables,
Leurs mystères captivent, éveillent la quête,
De sens, d'amour, de vérités impensables.

Échos de Léran :
Poésie d'Ariège :

Léran, village d'une grandeur intemporelle,

Je célèbre ta beauté, tes secrets enfouis,

Chaque instant est une invitation solennelle,

À contempler la splendeur de tes nuits.

Léran, Échos du Passé :

Léran, village où l'histoire prend vie,
Tes ruelles sont des chemins d'épopées,
Les vieilles pierres racontent les vies,
Des héros, des amours, des tragédies
enveloppées.

Les remparts témoignent d'une époque révolue,
Leur allure imposante rappelle les batailles,
Les cicatrices du temps, traces de vertu,
Révèlent la grandeur passée sans faille.

Les châteaux majestueux dominent les horizons,
Leurs murs austères cachent des légendes,
Leurs salles somptueuses, témoins d'illusions,
Évoquent des vies de splendeur, de nobles
descentes.

Les vignes s'étendent, fruits d'une terre bénie,
Leurs grappes gorgées de soleil et de passion,
Racontent l'histoire des hommes, leurs harmonies,
Un hymne à la vie, une ode à la création.

Échos de Léran :
Poésie d'Ariège :

Léran, village où les échos du passé résonnent,

Je m'imprègne de ta grandeur, ô berceau d'histoire,

Chaque instant est une plongée profonde,

Dans les méandres de ton âme, symbole de mémoire.

Léran, Mystères Envoûtants :

Léran, village aux mystères envoûtants,

Tes paysages sont des énigmes à déchiffrer,

Les collines ondulantes, les bois troublants,

Captivent les esprits, font naître des chimères.

Les chemins sinueux mènent vers des secrets,

Où les ombres dansent, murmurent des légendes,

Les arbres centenaires, gardiens des temps

passés,

Dévoilent des mystères, des vérités suspendues en

suspens.

Les grottes cachées renferment des trésors,

Leurs profondeurs sombres éveillent

l'imagination,

Les murmures de l'eau, les échos des aurores,

Invitent les âmes curieuses à l'exploration.

Échos de Léran :
Poésie d'Ariège :

Les étoiles scintillent dans le ciel nocturne,

Leurs lumières éclairent les mystères célestes,

Les constellations forment des signes taciturnes,

Révélant les secrets des astres célestes.

Léran, village aux mystères captivants,

Je célèbre tes énigmes, tes secrets dissimulés,

Chaque instant est une quête palpitante,

Pour percer les mystères de ton âme voilée.

Les parfums de Léran :

Léran, village où les sens s'éveillent,
Tes paysages sont un élixir de sensations,
Les senteurs des fleurs, les douceurs vermeilles,
Captivent les cœurs, offrent des émotions.

Les jardins fleuris exhalent des parfums,
Leurs fragrances enivrantes emplissent l'air,
Les roses, les jasmins, les lilas divins,
Réveillent les sens, font naître des prières.

Les saveurs des terroirs enchantent les palais,
Les vins, les fromages, les fruits savoureux,
Les papilles s'éveillent, goûtent les délices,
De la nature généreuse, des mets somptueux.

Les paysages enchanteurs flattent la vue,
Leurs couleurs chatoyantes nourrissent l'âme,
Les montagnes majestueuses, les lacs azurés,
Ouvrent les horizons, inspirent la flamme.

Échos de Léran :
Poésie d'Ariège :

Léran, village où les sens s'épanouissent,
Je célèbre ton éveil des sens, ô délice,
Chaque instant est une symphonie, une offrande,
À la beauté, à la vie, à l'éveil des sens complices.

Léran, Éternel Paradis :

Léran, village éternel, paradis préservé,
Tes paysages sont un écrin de pureté,
Les collines verdoyantes, les cieux étoilés,
Captivent les âmes, offrent une sérénité.

Les ruelles pittoresques racontent l'harmonie,
Entre l'homme et la nature, une danse éternelle,
Les maisons de pierre, fières et unies,
Symbolisent l'équilibre, l'amour immortel.

Les jardins fleuris sont des havres de paix,
Où les douces brises chantent une mélodie,
Les roses, les lys, les tulipes en essaims,
Offrent une symphonie de couleurs infinie.

Les lacs paisibles invitent à la contemplation,
Leurs eaux cristallines reflètent l'âme pure,
Les montagnes majestueuses, sources
d'inspiration,
Éveillent la quête de l'éternité, de l'aventure.

Échos de Léran :
Poésie d'Ariège :

Léran, village éternel, paradis préservé,
Je célèbre ta grandeur, ta beauté immuable,
Chaque instant est une communion sacrée,
Avec l'éternité, avec l'amour impérissable.

Les murmures de Léran :

Léran, village aux sens éveillés,
Tes paysages sont un enchantement,
Les champs verdoyants, les arbres penchés,
Captivent les sens, éveillent l'élan.

Les parfums des fleurs enivrent l'air,
Leurs fragrances douces et envoûtantes,
Les roses, les lavandes, un élixir rare,
Réveillent les sens, dansent dans l'âme errante.

Les murmures du vent dans les ruelles,
Chuchotent des histoires, des secrets enfouis,
Les vieilles maisons, gardiennes fidèles,
Racontent l'histoire, éveillent les esprits.

Les cloches de l'église résonnent au loin,
Leur son mélodieux, une symphonie céleste,
Elles transportent l'âme vers un destin,
Un éveil des sens, une expérience céleste.

Léran, village d'éveil et de douceur,

Je célèbre ta grandeur, tes mystères enfouis,

Chaque instant est une invitation au bonheur,

Une célébration des sens, un voyage dans l'inouï.

Léran, Les Secrets du Temps :

Léran, village aux secrets enfouis,
Tes ruelles murmurent les histoires passées,
Les vieux murs, témoins silencieux de la vie,
Gardent les secrets du temps, en toute quiétude.

Les remparts anciens, fiers et solennels,
Rappellent la grandeur d'un passé glorieux,
Leurs pierres usées, témoins éternels,
Révèlent les mystères d'un monde précieux.

Les vieilles églises, sentinelles du temps,
Abritent les fresques et les icônes sacrées,
Leurs voûtes majestueuses, refuge des chants,
Raconte l'histoire, d'une foi inébranlée.

Les chemins de campagne, témoins des pas,
Des générations qui ont foulé ta terre,
Les paysages, miroirs de vies éternelles,
Portent l'empreinte des âmes d'hier.

Échos de Léran :
Poésie d'Ariège :

Léran, village où les secrets se dévoilent,

Je célèbre ta grandeur intemporelle,

Chaque instant est une invitation à la toile,

Un voyage dans les mystères des heures belles.

Léran, Ode à la Beauté :

Léran, village d'une beauté sans pareille,

Tes paysages sont une œuvre d'art vivante,

Les montagnes majestueuses, fières et vermeilles,

Captivent les regards, apaisent les tourmentes.

Les champs dorés s'étendent à l'infini,

Leurs blés ondulent avec grâce sous le vent,

Les couleurs chatoyantes, un spectacle béni,

Réveillent les sens, offrent un émerveillement.

Les maisons de pierre, aux façades colorées,

Racontent l'histoire d'une architecture unique,

Leurs fenêtres fleuries, des toiles à contempler,

Évoquent la beauté, l'âme villageoise authentique.

Les lacs paisibles reflètent la sérénité,
Leurs eaux calmes invitent à la quiétude,
Les reflets des montagnes, une pureté,
Éveillent les sens, offrent une plénitude.

Léran, village d'une beauté éternelle,
Je célèbre ta grandeur, ton charme infini,
Chaque instant est une ode à la merveille,
Un hommage à la beauté qui dort en toi.

Léran, L'Écho des Légendes :

Léran, village aux légendes envoûtantes,
Tes ruelles murmurent les histoires oubliées,
Les vieilles pierres, gardiennes bienveillantes,
Chantent les légendes, les contes enchantés.

Les châteaux majestueux, sentinelles du passé,
Rappellent les héros et les chevaliers,
Leurs tours imposantes, un récit effacé,
Évoquent la grandeur, les épopées d'autrefois.

Les arbres centenaires, témoins silencieux,
Abritent des esprits, des êtres fantastiques,
Leurs branches tortueuses, un monde mystérieux,
Où les légendes prennent vie, magiques.

Les grottes cachées renferment des secrets,
Leurs profondeurs obscures, une énigme à percer,
Les murmures des eaux, des voix incomplètes,
Raconte les mystères, les trésors enfouis dans
l'immensité.

Échos de Léran :
Poésie d'Ariège :

Léran, village où les légendes s'éveillent,

Je célèbre tes histoires, tes secrets enfouis,

Chaque instant est une invitation à

l'émerveillement,

Un voyage dans les récits, les mythes qui ont

survécu.

Léran, Un Souffle Poétique :

Léran, village où la poésie résonne,
Tes paysages sont une source d'inspiration,
Les collines douces, les vallées qui frissonnent,
Captivent les mots, éveillent l'émotion.

Les couchers de soleil peignent des tableaux,
Leurs couleurs éclatantes embrasent le ciel,
Les mots se laissent porter par ce flambeau,
Évoquant la beauté, l'amour éternel.

Les ruelles étroites sont des vers à écrire,
Où les poètes trouvent leur muse, leur mélodie,
Les maisons de charme, des strophes à relire,
Racontent l'histoire, la magie de la poésie.

Les lacs tranquilles bercent les rimes,
Leurs eaux calmes invitent à la réflexion,
Les reflets fugaces, les échos intimes,
Inspirent les vers, les mots en communion.

Léran, village d'un souffle poétique,

Je célèbre ta grandeur, ta muse éternelle,

Chaque instant est une danse mélodique,

Un voyage dans les mots, une symphonie belle.

Écrin de Nature :

Léran, doux havre au cœur des Pyrénées,

Dans ton écrin de nature, tu rayonnes de beauté,

Ruelles étroites et maisons ensoleillées,

En toi, notre cœur trouve sa félicité.

Ton château médiéval, majestueux et fier,

Garde les secrets d'un passé tout entier,

Les remparts, témoins d'histoires à la clarté,

Léran, tu es notre trésor le plus cher.

Vallées verdoyantes, l'écrin qui t'entoure,

Sont un festin pour les amoureux de la nature,

Lacs et rivières où l'eau chante toujours,

Offrent détente et aventure, une double parure.

Échos de Léran :
Poésie d'Ariège :

Léran, village pittoresque au charme sans égale,

Dans tes montagnes, notre âme trouve escale,

Ici, la vie est douce, paisible et idéale,

En souvenirs inoubliables, ton offre est colossale.

Pour toi, Léran, notre attachement est profond,

En tes ruelles, nous retrouvons la paix, le doux
frisson,

Dans ce village précieux, notre amour est fécond,

Léran, à jamais, tu seras notre passion.

Mon village :

Léran, ce petit coin d'Ariège, si doux, si vrai,

Où les montagnes veillent sur les jours
tranquilles.

Les ruelles de pierre, les toits de tuiles rouges,

Comme un tableau vivant, un refuge pour l'âme
qui brille.

Le Touyre, la rivière chantante, court avec
entrain,

Emportant les soucis, les rires des enfants.

Échos de Léran :
Poésie d'Ariège :

Le reflet des montagnes dans les eaux calmes,

Comme un miroir d'espoir pour les âmes

vagabondes.

Le lac de Montbel, oasis d'azur et de paix,

Où les arbres murmurent des secrets tout bas.

*La nature ici est reine, sa beauté sans fin,

Un véritable trésor caché sous le ciel ariégeois.

Les habitants, accueillants, le sourire sincère,

Dans leurs cœurs, la générosité, un trésor à

partager.

À Léran, la simplicité est une véritable lumière,

Une douce mélodie, une manière d'aimer.

Léran, village de charme et de douceur,

Où l'âme respire, où le cœur est en fête.

Entre les montagnes, les rivières, la chaleur,

Tu es une perle, un bijou de pure poésie parfaite.

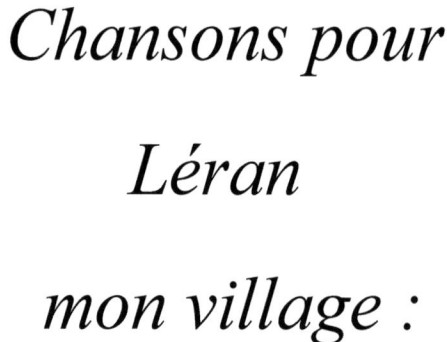

Chansons pour

Léran

mon village :

A vous de les mettre en

musique !

"Léran, Doux Refuge"

Couplet 1

Dans les vallées d'Ariège, au pied des montagnes fières,

Un village s'épanouit, en toute quiétude, en lumière.

Léran, doux refuge, sous le ciel étoilé,

Un coin de paradis, où l'âme se sent libérée.

Refrain

Léran, Léran, tu nous enchantes,

Ton charme et ta grâce, en nos cœurs chantent.

Les rivières qui dansent, les montagnes qui veillent,

En toi, Léran, l'âme s'émerveille.

Couplet 2

Les ruelles pavées, les maisons de pierre anciennes,

Échos de Léran :
Poésie d'Ariège :

Chacun de tes coins raconte une histoire, un poème.

Le vent murmure des secrets, le temps s'étire,

Léran, dans ton écrin, nos rêves respirent.

Refrain

Léran, Léran, tu nous enchantes,

Ton charme et ta grâce, en nos cœurs chantent.

Les rivières qui dansent, les montagnes qui veillent,

En toi, Léran, l'âme s'émerveille.

Pont

Et le lac de Montbel, miroir d'azur et d'argent,

Reflet de nos espoirs, de nos moments charmants.

Les étoiles dansent dans tes nuits étoilées,

À Léran, la magie est réveillée.

Refrain

Léran, Léran, tu nous enchantes,

Ton charme et ta grâce, en nos cœurs chantent.

Les rivières qui dansent, les montagnes qui

veillent,

En toi, Léran, l'âme s'émerveille.

"Léran, Joyau des Pyrénées"

Couplet 1

Sous le ciel d'Ariège, caché dans les Pyrénées,

Un village se love, secret bien gardé.

Léran, perle rare, entre montagnes et rivières,

Ton charme infini, en nos cœurs éclaire.

Refrain

Léran, Léran, ton âme éblouit,

Village authentique où l'amour fleurit.

Les ruelles pavées, les maisons de pierre,

En toi, Léran, la beauté est sincère.

Couplet 2

Le Touyre qui chante, les montagnes grandioses,

Ici, la nature est la plus précieuse des choses.

Les sourires des habitants, la douceur de l'air,

Léran, en toi, la paix est sincère.

Échos de Léran :
Poésie d'Ariège :

Refrain

Léran, Léran, ton âme éblouit,

Village authentique où l'amour fleurit.

Les rivières qui dansent, les montagnes

grandioses,

En toi, Léran, la nature est généreuse.

Pont

Au bord du lac de Montbel, le reflet du ciel,

Comme un miroir d'amour, un doux rêve éternel.

Léran, doux havre où l'âme trouve l'harmonie,

En toi, le monde est en poésie.

Refrain

Léran, Léran, ton âme éblouit,

Village authentique où l'amour fleurit.

La solidarité, la beauté, la nature grandiose,

En toi, Léran, le cœur est généreux.

Échos de Léran :
Poésie d'Ariège :

"Léran, un Poème en Ariège"

Couplet 1

À Léran, entre les montagnes et les vallées,

Un village d'authenticité et de sérénité.

Sous un ciel d'azur, la douce mélodie du Touyre,

Résonne dans les cœurs, une symphonie à le

relire.

Refrain

Léran, Léran, tes ruelles sont des vers,

Où les pierres racontent des histoires sincères.

Les montagnes majestueuses, les rivières qui

chantent,

En toi, Léran, l'âme est pleine de charme.

Couplet 2

Le lac de Montbel, miroir de la nature,

Reflet des étoiles, d'une beauté si pure.

Les maisons de pierre, les jardins en fleurs,

À Léran, chaque coin est un poème en labeur.

Refrain

Léran, Léran, tes ruelles sont des vers,

Où les pierres racontent des histoires sincères.

Les montagnes majestueuses, les rivières qui

chantent,

En toi, Léran, l'âme est pleine de charme.

Pont

Les habitants, joyaux de cette vallée,

Dans leurs sourires, la vraie richesse est cachée.

À Léran, la simplicité est une élégance,

Un hymne à la vie, une divine abondance.

Refrain

Léran, Léran, tes ruelles sont des vers,

Où les pierres racontent des histoires sincères.

Les montagnes majestueuses, les rivières qui

chantent,

En toi, Léran, l'âme est pleine de charme.

Léran étoile des Pyrénées :

Couplet :

Léran, doux village au pied des montagnes,

Où la vie s'écoule paisiblement, sans se presser.

Les ruelles de pierre, les toits aux tuiles orangées,

Chaque coin de rue, un tableau qui fait rêver.

Refrain :

Léran, étoile cachée des Pyrénées,

Doux village où nos cœurs s'apaisent.

Sous un ciel d'azur, entre montagnes et rivières,

Léran, ton charme, douce mélodie sincère.

Couplet :

Le Touyre, la rivière qui chante sa chanson,

Sous les yeux bienveillants des montagnes

géantes.

Elle serpente en douceur, comme une caresse,

Invitant les âmes à la quiétude et à la tendresse.

Refrain :

Léran, étoile cachée des Pyrénées,

Doux village où nos cœurs s'apaisent.

Sous un ciel d'azur, entre montagnes et rivières,

Léran, ton charme, douce mélodie sincère.

Couplet :

Le lac de Montbel, véritable trésor de la nature,

Les arbres se reflètent, laissant place à la rêverie.

Sous un ciel d'azur, c'est une symphonie de
pureté,

Un coin de paradis, une échappée belle, une
aventure.

Les habitants de Léran, chaleureux et
bienveillants,

Dans leurs sourires, la générosité et la simplicité.

Ici, la solidarité est le trésor le plus grand,

Un village où l'amour et la fraternité sont des
réalités.

Échos de Léran :
Poésie d'Ariège :

Refrain :

Léran, étoile cachée des Pyrénées,

Doux village où nos cœurs s'apaisent.

Sous un ciel d'azur, entre montagnes et rivières,

Léran, ton charme, douce mélodie sincère.

Couplet :

Léran, toi, l'âme de l'Ariège, simple et belle,

Raymond, dans une chanson sincère, te célèbre,

Chaque note, chaque mot, chaque émotion qu'elle recèle,

Sont un hommage à la paix, à l'amour, à l'arc-en-ciel.

Refrain :

Léran, étoile cachée des Pyrénées,

Doux village où nos cœurs s'apaisent.

Sous un ciel d'azur, entre montagnes et rivières,

Léran, ton charme, douce mélodie sincère.

Léran Blues :

Couplet 1

Dans les Pyrénées ariégeoises, un petit village charmant,

Léran, c'est son nom, un lieu tout à fait déroutant.

Des ruelles pavées, des maisons aux toits rouges,

Mais la vie ici, c'est tout sauf une croisière de luxe.

Refrain

Léran, oh Léran, c'est pas la Côte d'Azur,

Mais dans tes ruelles, y'a du mystère, c'est sûr.

Les montagnes, le Touyre, et le lac Montbel,

À Léran, l'ennui, c'est une légende urbaine, c'est du miel.

Couplet 2

Les habitants, des sacrés personnages,

Échos de Léran :
Poésie d'Ariège :

Ils connaissent chaque histoire, chaque coin du paysage.

Et quand le soir tombe, dans les bistrots, ils se retrouvent,

Pour trinquer, chanter, et oublier les soucis qu'ils se reprochent.

Refrain

Léran, oh Léran, c'est pas la Côte d'Azur,

Mais dans tes ruelles, y'a du mystère, c'est sûr.

Les montagnes, le Touyre, et le lac Montbel,

À Léran, l'ennui, c'est une légende urbaine, c'est du miel.

Pont

Les vaches paissent tranquillement, les Pyrénées veillent,

À Léran, la vie suit son cours, sans qu'on ne s'éveille.

Échos de Léran :
Poésie d'Ariège :

C'est peut-être la campagne, mais l'âme est bien réveillée,

Ici, on sait profiter, sans se prendre la tête.

Refrain

Léran, oh Léran, c'est pas la Côte d'Azur,

Mais dans tes ruelles, y'a du mystère, c'est sûr.

Les montagnes, le Touyre, et le lac Montbel,

À Léran, l'ennui, c'est une légende urbaine, c'est du miel.

A Savoir !

Comme vous le savez maintenant, Léran est une commune située dans le département de l'Ariège, en région Occitanie, en France.
Voici quelques informations sur l'histoire de Léran :

Léran est connue pour son château, le Château de Léran, qui est situé sur l'Allée du Château, à Léran.
Ce château est un point d'intérêt historique dans la région.

Sur le plan historique, Léran a une longue histoire. Au XIVe siècle, le village était fortifié et faisait partie de la seigneurie de Léran, qui était contrôlée par les Ducs de Levis.
Léran est également située près du Lac de Montbel, qui offre de belles vues et des activités de loisirs.

Échos de Léran :
Poésie d'Ariège :

La commune de Léran est ouverte toute l'année et
se trouve à seulement 5 minutes de Foix.
C'est un petit coin de paradis au cœur des
Pyrénées ariégeoises.

L'histoire de Léran remonte au Moyen Âge, où le
village était un important centre fortifié.
Au XIVe siècle, Léran faisait partie de la
seigneurie de Leran, qui était contrôlée par les
Ducs de Levis, une noble famille de la région.

À cette époque, Léran était une place forte
stratégique, située sur une colline surplombant la
plaine environnante.

Le village était entouré de remparts défensifs et
d'une imposante enceinte fortifiée qui le
protégeait des attaques ennemies.
Les fortifications comprenaient des tours de guet,
des murs épais et des douves.

La seigneurie de Leran était une propriété des Ducs de Levis, une famille puissante qui jouait un rôle important dans la région.

Ils avaient la responsabilité de protéger et de gouverner la région, ainsi que de collecter les taxes et les impôts des habitants de Léran et des environs.

Au fil des siècles, la seigneurie de Léran a été confrontée à plusieurs conflits et menaces qui ont mis en péril la sécurité du village.

Voici quelques-uns des principaux conflits auxquels Léran a été confronté :

Guerre de Cent Ans :

Pendant la Guerre de Cent Ans (1337-1453),
Léran se trouvait à la frontière entre les royaumes
de France et d'Angleterre.
La région était fréquemment ravagée par les
combats entre les deux camps, exposant Léran
aux pillages et aux destructions.

Guerres de Religion :

Au XVIe siècle, la France a été déchirée par les
guerres de religion opposant les catholiques aux
protestants.
Léran était situé dans une région où les tensions
religieuses étaient vives, ce qui a entraîné des
affrontements entre les deux camps, mettant en
danger la sécurité du village.

Invasions et banditisme :

En raison de sa position géographique stratégique, Léran était souvent exposé aux invasions et aux raids de bandits.

Les routes commerciales passant par la région étaient fréquemment attaquées, ce qui pouvait mettre en danger les habitants de Léran et leurs biens.

Conflits féodaux :

Comme de nombreux villages médiévaux, Léran était soumis à la suzeraineté des seigneurs locaux.

Les différends entre les seigneurs voisins pouvaient entraîner des conflits armés, avec Léran pris entre deux feux.

Malgré ces menaces et conflits, les fortifications de Léran ont joué un rôle crucial dans la préservation du village.

Échos de Léran :
Poésie d'Ariège :

Les remparts, les tours de guet et les douves ont permis de décourager les attaques et de protéger les habitants de Léran.

De plus, la situation géographique de Léran, perché sur une colline, offrait un avantage défensif supplémentaire.

Il est important de noter que la résolution de ces conflits était souvent complexe et dépendait de nombreux facteurs, tels que les alliances politiques, les traités de paix et les négociations entre les parties en conflit. La paix et la stabilité revenaient généralement lorsque les tensions diminuaient ou lorsque les seigneurs locaux parvenaient à trouver des solutions diplomatiques.

Aujourd'hui, Léran témoigne de son passé tumultueux à travers ses fortifications historiques, qui rappellent les épreuves qu'a traversées la seigneurie au fil des siècles.

Avec le temps, Léran a évolué et s'est transformé en un village paisible, tout en préservant son riche patrimoine historique.

Aujourd'hui, les visiteurs peuvent encore admirer les vestiges des fortifications médiévales, notamment la tour de guet et les murs en pierre qui entourent le village.

L'histoire de Léran est témoignage de l'importance stratégique de la région durant le Moyen Âge et de l'influence des seigneurs de Levis dans cette partie de l'Ariège.

Aujourd'hui, Léran reste un lieu chargé d'histoire et de charme, attirant les visiteurs qui souhaitent découvrir son riche passé médiéval.

A Connaitre :

Léran, situé au cœur des Pyrénées ariégeoises, est un village riche en histoire, en anecdotes et en légendes.

Voici un récit de son histoire authentique, agrémenté d'anecdotes et de légendes qui ont façonné sa réputation au fil des siècles :

Le Fondement Historique :

Léran a des racines profondes qui remontent à l'Antiquité.

Les Celtes, les Romains et les Wisigoths ont laissé leur empreinte sur cette région.

Au Moyen Âge, le village est devenu un bastion cathare, un mouvement religieux hétérodoxe qui a marqué la région.

Le château de Léran, , était le centre de la vie médiévale du village, témoin de siècles de luttes et d'histoire.

La Légende de la Fée Mélusine :

L'une des légendes les plus célèbres de Léran est liée à la Fée Mélusine. Selon la légende, Mélusine, une fée enchanteresse, se serait mariée avec Raymondin, seigneur de Léran.

Cependant, elle avait une condition :

il ne devait jamais la voir le samedi. Raymondin, rongé par la curiosité, finit par la surprendre un samedi en train de se transformer en serpent.

Mélusine s'envola alors, laissant derrière elle la tour de Léran inachevée, encore visible de nos jours.

Le Mystère du Trésor Caché :

Une autre légende parle d'un trésor caché dans le château de Léran.

On raconte que des templiers, fuyant la persécution, auraient dissimulé leurs richesses dans les murs du château.

De nombreux chercheurs de trésors sont venus à Léran à la recherche de cette fortune perdue, mais elle reste introuvable à ce jour.

La Résistance et la Guerre :

Léran a également joué un rôle important pendant la Seconde Guerre mondiale.

Le village a été un centre de résistance contre l'occupation nazie, abritant des réfugiés et aidant les membres de la Résistance à échapper à la capture. Le musée de la Résistance de Léran commémore ces événements.

La Vie Contemporaine :

Aujourd'hui, Léran est un village paisible, connu pour sa beauté naturelle et sa douceur de vivre.

Le château est devenu un site touristique, attirant les visiteurs avec son histoire fascinante et sa vue imprenable sur la vallée.

Léran, avec son histoire riche, ses légendes captivantes et ses habitants dévoués, est un trésor niché dans les Pyrénées ariégeoises.

Cette combinaison de passé, de mythes et de vie contemporaine fait de Léran un lieu unique, une perle rare dans le patrimoine français.

Petits mots sur

le château de Léran :

en 5 textes :

Chapitre 1 :

Le château de Léran :

Dans la vallée verdoyante d'Ariège, niché au pied des majestueuses Pyrénées, se trouve un trésor d'histoire et de charme : le Château de Léran.

C'est un édifice d'un autre temps, un véritable joyau qui se dresse fièrement, portant les marques des siècles passés.

Le Château de Léran est un conte éveillé, une promesse de découverte pour les âmes avides de poésie.

Ses murs de pierre, usés par le temps, racontent des récits anciens, évoquent des légendes d'amour et de chevalerie.

Les tourelles s'élèvent vers le ciel comme des doigts tendus, cherchant à toucher les nuages qui effleurent les sommets des montagnes alentour.

Autour du château, un jardin aux allées secrètes et aux parfums envoûtants invite à la flânerie.

Les roses anciennes y déploient leurs pétales de velours, leurs couleurs éclatantes contrastant avec la douceur de la pierre grise.

Les cyprès élancés se dressent comme des sentinelles, gardiens silencieux de l'histoire qui s'est écrite ici.

À l'intérieur, les salles résonnent encore des murmures de la noblesse qui les a jadis fréquentées.

Les tapisseries aux couleurs passées, les meubles d'époque, et les tableaux anciens témoignent du raffinement de ces lieux, de leur élégance intemporelle.

Du sommet des tours, la vue est tout simplement extraordinaire.

On peut contempler les vallées qui s'étendent à perte de vue, les forêts touffues, et les ruisseaux qui serpentent.

Là-haut, le vent caresse le visage, apportant avec lui l'âme du château, la sérénité des montagnes, et le parfum des prairies en fleurs.

Le Château de Léran est bien plus qu'une simple structure de pierre.

C'est un témoin du temps qui s'écoule, un gardien des histoires qui se sont écrites, un lieu où le passé et le présent se rejoignent dans une danse intemporelle.

C'est un endroit qui inspire les rêves, qui éveille l'imagination, un lieu où l'on peut toucher l'âme du passé, tout en contemplant les étoiles qui brillent au-dessus des montagnes.

Chapitre 2 :

Le château de Léran :

Le Château de Léran, noble et fier, se dresse dans l'écrin des Pyrénées, tel un témoin immuable des âges révolus.

Ses murs de pierre grise, pareils à des sentinelles du temps, gardent les secrets de mille histoires, de mille vies.

Ses tourelles, tels des doigts tendus vers le ciel, racontent des contes d'amour et de guerre, d'intrigues et de passions, inscrits dans les moindres pierres.

Les fenêtres en ogive, comme des yeux anciens, contemplent les siècles écoulés, scrutant l'horizon, attendant le retour des âmes qui ont jadis foulé ces parquets usés.

Les jardins, autrefois témoins de festins et de réjouissances, sont aujourd'hui un havre de quiétude, où les roses anciennes s'épanouissent en un spectacle de couleurs et de parfums.

Les cyprès élancés évoquent des poèmes, des vers silencieux, et l'ombre de leurs branches s'étend en un doux manteau.

À l'intérieur, les salles témoignent de l'élégance d'antan.

Les tapisseries anciennes racontent des légendes d'amour et de chevalerie, les lustres étincelants évoquent des soirées de bal inoubliables, et les parquets résonnent encore des pas des hôtes illustres qui ont honoré ce lieu.

Du sommet des tours, la vue est un tableau vivant.

Les vallées s'étendent comme des rêves infinis, les montagnes majestueuses semblent toucher les cieux, et les ruisseaux qui serpentent dans les prairies ajoutent une symphonie apaisante à ce décor grandiose.

Le Château de Léran est bien plus qu'un simple monument de pierre.

Échos de Léran :
Poésie d'Ariège :

C'est un poème en soi, une épopée figée dans le temps, un lieu où l'histoire se fond avec la nature.

C'est un endroit où l'âme rêveuse trouve refuge, où l'imagination s'envole, où le passé reprend vie, et où chaque pierre raconte une histoire.

C'est une œuvre d'art érigée par les hommes, qui appartient désormais au temps éternel et à la splendeur des Pyrénées.

Chapitre 3 :

Le château de Léran :

Le Château de Léran, ancré dans le sein des Pyrénées, est une relique du passé, une poésie gravée dans la pierre grise.

Ses tourelles élancées, telles des flèches vers le firmament, semblent défier l'oubli et les siècles.

Les murs patinés par le temps portent les stigmates de l'histoire, comme des cicatrices d'honneur.

Les fenêtres en ogive, semblables à des yeux mystérieux, évoquent des secrets bien gardés, des romances interdites et des complots dissimulés.

Chaque pierre, chaque gravure, chaque recoin est une page de mémoire qui raconte les tragédies et les triomphes, les amours et les trahisons.

Le jardin, un refuge de roses anciennes et de cyprès altiers, est une allégorie de l'âme humaine.

Les roses, dans leur beauté fragile, symbolisent la passion éphémère, tandis que les cyprès, toujours verts, sont les gardiens des souvenirs immuables.

Ce jardin est un tableau vivant, une méditation sur le temps qui passe.

À l'intérieur, les salles regorgent de mystère.

Les tapisseries aux motifs oubliés décrivent des histoires d'un autre temps, les meubles d'époque portent les souvenirs des banquets et des conversations qui les ont accompagnés.

Les lustres scintillants semblent refléter les rires et les larmes des hôtes d'antan.

Du sommet des tours, la vue est une ode à la grandeur de la nature.

Les vallées s'étendent telles des poèmes inachevés, les montagnes se dressent comme des vers majestueux, et les ruisseaux qui serpentent sont les strophes d'une symphonie éternelle.

Le Château de Léran est un édifice qui transcende les époques, une méditation sur la fragilité de la vie et la permanence de l'âme.

Échos de Léran :
Poésie d'Ariège :

Il est une énigme qui défie le temps, une histoire qui perdure, une beauté qui trouve son éclat dans l'obscurité.

C'est un lieu où la mélancolie trouve une voix, où le passé et le présent s'entrelacent, et où chaque élément évoque un poème inexprimé, une émotion indicible, un rêve insondable.

Chapitre 4 :

Le château de Léran :

Le Château de Léran, situé dans le paysage pittoresque des Pyrénées, est un exemple poignant de la permanence de l'histoire humaine.

Ses murs en pierre, résistants au passage des âges, incarnent la durabilité de l'architecture humaine face à l'implacable marche du temps.

Les tourelles élancées et les fenêtres ogivales sont des manifestations artistiques de la période médiévale, des éléments architecturaux qui défient la régression du temps et qui nous relient au passé.

Leur symétrie et leur précision rappellent la rationalité humaine qui sous-tendait ces créations.

Le jardin qui l'entoure, avec ses roses délicates et ses cyprès majestueux, est un équilibre subtil entre la nature et la culture. Les roses, avec leur beauté éphémère, rappellent la fragilité de la vie,

tandis que les cyprès, toujours verts, symbolisent
la persévérance et la permanence.

À l'intérieur, les salles sont un témoignage de l'art
et de la sophistication humaines.

Les tapisseries, les meubles, et les lustres sont des
objets de beauté et de fonctionnalité, qui
témoignent de l'ingéniosité de l'homme.

Du sommet des tours, la vue offre une perspective
sur le paysage naturel environnant.

Les vallées, les montagnes et les ruisseaux sont
autant de manifestations de la géométrie
naturelle, de l'ordre et de la complexité qui
règnent dans le monde.

Le Château de Léran est un point d'intersection
entre le passé et le présent, où les avancées de la
science et de la culture se fondent dans le paysage
naturel.

Échos de Léran :
Poésie d'Ariège :

C'est un lieu où l'homme a manifesté sa créativité et sa perspicacité pour s'inscrire dans le temps et l'espace.

En fin de compte, il incarne la capacité humaine à créer de l'ordre et de la beauté dans un univers en perpétuelle évolution.

Chapitre 5 :

Le château de Léran :

Au cœur des Pyrénées, sous le regard attentif des montagnes, se dressait un château majestueux, le Château de Léran.

Tels des renards rusés, ses murs en pierre racontaient des récits anciens, des fables de noblesse et d'intrigues.

Les tourelles, semblables à des cygnes en repos, se dressaient fièrement, surveillant les vallées comme de nobles gardiens.

Les fenêtres ogivales, pareilles à des yeux de hiboux, semblaient scruter les secrets cachés au sein de ses murs.

Le jardin, où les roses anciennes s'épanouissaient, ressemblait à une ménagerie de papillons aux couleurs chatoyantes.

Échos de Léran :
Poésie d'Ariège :

Les cyprès élancés, tels des flamants roses, ajoutaient une touche de grâce et de mystère à ce lieu.

À l'intérieur, les salles étaient comme les couloirs d'une fourmilière bien organisée.

Les tapisseries, avec leurs motifs complexes, semblaient être tissées par des araignées habiles.

Les meubles d'époque évoquaient des escargots portant le poids des années.

Du sommet des tours, la vue était une scène de théâtre naturelle.

Les vallées s'étendaient comme un champ de jeu pour les cerfs, les montagnes se dressaient comme des rois fiers, et les ruisseaux qui serpentent étaient comme des serpents d'eau.

Le Château de Léran était un conte en soi, un bestiaire d'histoires et de métaphores.

Échos de Léran :
Poésie d'Ariège :

Les animaux des fables se mélangeaient aux éléments du paysage, créant une allégorie vivante de la nature, de l'histoire et de l'âme humaine.

Pourquoi Léran ?

L'histoire du village de Léran, capturée avec émotion et poésie dans ces pages, nous rappelle que chaque coin du monde est le théâtre de vies riches et complexes, et que chaque lieu, même le plus modeste, porte en lui une profondeur d'histoire et de culture.

C'est dans ces villages, apparemment oubliés par le temps, que l'âme d'une région trouve son expression la plus authentique.

Les habitants de Léran, à travers les générations, ont préservé leur patrimoine culturel et naturel avec dévouement.

Leur solidarité et leur respect de la nature nous rappellent l'importance de préserver nos racines, notre environnement, et de nous soutenir mutuellement, même lorsque le monde change à un rythme effréné.

Échos de Léran :
Poésie d'Ariège :

Le Château de Léran, symbole du passé, nous invite à contempler la beauté de l'architecture et de l'art, tout en nous rappelant la constance des éléments de base de l'existence humaine.

C'est un rappel de la nécessité de préserver notre patrimoine, nos traditions et notre histoire, tout en embrassant les avancées du présent.

Les rivières, les lacs, les montagnes et les animaux qui peuplent cette région ajoutent une profondeur à l'expérience de Léran.

Ils sont les gardiens silencieux de la nature, les acteurs de l'écosystème qui inspirent la réflexion sur la relation complexe entre l'homme et son environnement.

En fin de compte, ce livre nous rappelle que chaque lieu a sa propre histoire à raconter, et que ces histoires, aussi petites puissent-elles paraître, ont une importance immense dans le tissu de notre monde.

Échos de Léran :
Poésie d'Ariège :

Il nous incite à réfléchir sur notre propre héritage, sur notre relation à la nature, et sur la manière dont nous souhaitons écrire le prochain chapitre de notre existence, tout en célébrant la beauté et la diversité des régions de notre planète.

Ce livre dédié à Léran en Ariège, tel un recueil de poèmes, nous offre une porte ouverte vers l'âme même de ce lieu.

Il nous enseigne que chaque rue pavée, chaque pierre usée, chaque ruisseau chantant est un maillon dans la chaîne de la mémoire de ce village.

Léran, village ariégeois, est une étoile dans la constellation de notre passé. Les récits des habitants, les souvenirs des générations, tout cela crée une mélodie continue, une ballade infinie, un poème sans fin qui résonne à travers le temps.

Le Château de Léran, tel un livre ouvert sur l'histoire, nous rappelle que chaque époque a son histoire à inscrire, ses pages à écrire.

Il est un monument au courage des générations passées, un hommage à leur créativité et à leur vision.

Les jardins et les montagnes, les rivières et les lacs, tout cela est une ode à la nature, un hymne à la splendeur de notre planète. Les montagnes, majestueuses et éternelles, nous rappellent notre petitesse face à la grandeur du monde.

Le Château de Léran est un testament à la capacité de l'homme de créer de la beauté et de la culture, même au cœur de la nature sauvage.

Les habitants de Léran sont les gardiens de cette harmonie, les poètes de cette région, les compositeurs de la symphonie de la vie.

En conclusion, ce livre nous enseigne que chaque lieu, chaque village, chaque coin de terre est une œuvre d'art en soi, une poésie vivante, un trésor caché.

Il nous encourage à contempler la beauté et la profondeur de notre monde, à préserver notre héritage culturel et naturel, et à écrire notre propre histoire, avec sensibilité et amour, dans le grand livre de l'humanité.

Ce livre en l'honneur de Léran, à travers ses mots empreints de sensibilité et de poésie, devient un précieux trésor de la littérature et de l'histoire. Les pages de ce recueil sont comme les pétales d'une rose ancienne, délicates et riches en parfum, un appel à la contemplation et à la réflexion.

Léran, ce village ariégeois, est plus qu'un simple lieu géographique.
Il est un livre vivant, une histoire en constante évolution.
Chaque ligne de ce livre nous rappelle que derrière chaque rue, chaque bâtiment, chaque ruisseau, il y a une histoire, une émotion, une vie.

Le fameux Château de Léran, avec sa majesté intemporelle, est comme une bibliothèque silencieuse qui renferme les chapitres d'une époque révolue.

Il nous incite à retourner dans ses pages, à relire son histoire, à découvrir les détails que nous avons peut-être manqués lors de notre première lecture.

Les jardins, les montagnes, les rivières, les lacs, tous ces éléments sont autant de versets d'une épopée naturelle.

Ils nous invitent à nous plonger à nouveau dans les pages de ce livre, à explorer les paysages qui le composent, à contempler la beauté qui s'y trouve.

Échos de Léran :
Poésie d'Ariège :

Ce livre est un appel à la répétition, à la contemplation infinie.

Chaque lecture révèle de nouvelles nuances, de nouvelles émotions, de nouveaux détails.

Il nous encourage à prendre le temps, à savourer chaque mot, à nous perdre dans les méandres de cette histoire.

En conclusion, je vous invite à relire ce livre, à le parcourir encore et encore.

Laissez-vous emporter par la poésie, la sensibilité et la beauté qu'il contient.

Découvrez Léran à travers ses pages, explorez son histoire, ressentez ses émotions.

Ce livre est un trésor à redécouvrir, un voyage intemporel qui ne perd jamais sa saveur.

Alors, replongez dans ses mots et laissez-vous emporter une fois de plus dans la magie de Léran, un village qui ne cesse de surprendre et d'émouvoir.

Échos de Léran :
Poésie d'Ariège :

Ce livre, intitulé "Écho de Léran : Poésie d'Ariège," est destiné à un large public, qu'il soit originaire de Léran ou d'ailleurs.

Il vise à captiver l'imagination des lecteurs, à les émouvoir et à les instruire sur l'histoire, la culture et la beauté de ce village ariégeois particulier.

Voici à qui il est destiné et pourquoi :

1. Les Habitants de Léran :

Ce livre est une dédicace à ceux qui vivent à Léran, à ceux qui ont cousu le tissu de l'histoire de ce village, qui en sont les gardiens et les conteurs.

Il leur permettra de redécouvrir leur patrimoine culturel, de se connecter à leurs racines et d'apprécier leur lieu de vie d'une manière nouvelle.

2. Les Amoureux de la Poésie et de l'Histoire :

Ce livre s'adresse à ceux qui aiment la poésie et l'histoire.

Il combine les deux en offrant une exploration poétique de l'histoire de Léran, ce qui en fait une lecture enrichissante pour ceux qui cherchent à s'immerger dans un récit empreint de sensibilité.

3. Les Voyageurs et les Curieux :

Pour les lecteurs qui aiment voyager à travers les mots, ce livre est une invitation à découvrir un coin pittoresque de la France, à explorer ses paysages naturels et à s'immerger dans la culture locale. C'est également une opportunité pour les curieux d'apprendre sur une région qu'ils n'ont peut-être jamais visitée.

4. Les Étudiants et les Chercheurs :

Ce livre peut également servir de ressource pour les étudiants et les chercheurs intéressés par la culture et l'histoire régionale.
Il offre une source d'information et d'inspiration pour ceux qui souhaitent approfondir leur compréhension de la région ariégeoise.

5. Les Générations Futures :

En documentant l'histoire, les coutumes et les histoires de Léran, ce livre contribue à préserver le patrimoine culturel de la région, aidant ainsi les générations futures à mieux comprendre et apprécier leur héritage.

Il est une passerelle entre le passé, le présent et l'avenir.

En somme, ce livre est destiné à toute personne désireuse de se plonger dans une histoire riche en poésie, en émotions et en découvertes.

Il offre une fenêtre sur la beauté de Léran, tout en célébrant le patrimoine et la culture de cette région, et incite à une réflexion sur l'importance de préserver nos racines, de célébrer la poésie de la vie quotidienne et de transmettre ce précieux héritage aux générations à venir.

Réflexion :

Écrire un dernier poème en hommage à Léran est une façon de célébrer l'histoire riche et les nombreux défis surmontés par ce village au fil des siècles.

Voici quelques raisons pour lesquelles un dernier poème pourrait être écrit en hommage à Léran :

Honorer l'héritage :

Un poème permet de rendre hommage à l'héritage culturel et historique de Léran. Il peut mettre en valeur la résilience et la persévérance des habitants de Léran face aux conflits et aux difficultés qu'ils ont traversés.

Capturer l'essence de Léran :

Un poème peut saisir l'âme et l'essence de Léran, en décrivant ses paysages pittoresques, son architecture historique et l'atmosphère unique qui règne dans le village.

Échos de Léran :
Poésie d'Ariège :

Il peut transporter les lecteurs dans une expérience sensorielle et émotionnelle de Léran.

Inspirer la fierté et l'attachement :

Un poème en hommage à Léran peut susciter la fierté et l'attachement des habitants actuels envers leur village.

Il peut renforcer le sentiment d'appartenance à une communauté qui a traversé des épreuves et a survécu.

Transmettre l'histoire aux générations futures :

Un poème peut être un moyen puissant de transmettre l'histoire de Léran aux générations futures.

Il peut captiver l'imagination des lecteurs et les inciter à en apprendre davantage sur le passé de ce village et à préserver son patrimoine.

Célébrer la beauté et la résilience :

Un dernier poème en hommage à Léran peut célébrer la beauté du village, de ses paysages environnants et de son patrimoine architectural.

Il peut également mettre en avant la résilience des habitants qui ont su se relever des conflits et des difficultés pour reconstruire et prospérer.

Écrire un dernier poème en hommage à Léran est une façon de rendre hommage à son histoire, de capturer son essence et de transmettre son héritage aux générations futures.

C'est une expression artistique qui permet de célébrer la beauté, la résilience et la fierté d'un village qui a traversé de nombreux défis.

Pour toutes ces raisons,

Voici le dernier poème en

l'honneur de Léran, qui vous

est offert dans cet ouvrage :

Ode à un village Ariégeois :

Dans le doux berceau des Pyrénées enclavées,
Léran repose, merveille préservée.
Un village au passé riche et légendaire,
Où histoire et nature s'unissent, sincères.

Au pied du château, témoin des âges anciens,
La Fée Mélusine, dans les contes, se retient.
Ses mystères enfouis, trésors bien gardés,
Les murs du château, secrets bien scellés.

La vallée s'étend, fertile et prospère,
Où les rivières dansent, esprit de la Terre.
Les montagnes majestueuses, gardiennes des
cieux,
Bercent ce lieu, où l'âme trouve un refuge
silencieux.

Des roses anciennes, des cyprès altiers,
Dans les jardins, une symphonie de lumières.

Échos de Léran : Poésie d'Ariège :

Les ruelles pavées et les places ensoleillées,
Résonnent des rires, de vies enlacées.

La Résistance, dans les heures sombres passées,
A fait de Léran un phare de liberté.
Le courage des âmes, l'unité des cœurs,
Ont écrit des pages de gloire et de bonheur.

Aujourd'hui, Léran, village ariégeois,
Brille tel un joyau sous le ciel étoilé.
Un héritage précieux, une nature bien-aimée,
Dans ce coin des Pyrénées, un trésor préservé.

Ce livre est un hommage, un poème sincère,
À Léran, village cher, à son histoire, à sa lumière.
Qu'il célèbre la beauté, la grâce et la sincérité,
De ce lieu magique, éternel, intemporel, sacré.

Au crépuscule doux, les montagnes s'embrasent,
Les étoiles scintillent, la nuit dévoile ses phases.
Léran, village béni au cœur de l'Ariège,
Emporte nos rêves dans l'infini voyage.

Échos de Léran :
Poésie d'Ariège :

Dans ce livre, ton histoire et ta poésie,

Illuminent notre âme, offrent la mélodie.

À Léran, terre d'âmes et de passions,

Nous laissons notre amour en dédicace, en

chanson.

Que ton histoire se perpétue, village éternel,

Ton charme, ton mystère, restent intemporels.

Dans le livre de la vie, ton nom brille en or,

Léran, nous t'aimons, aujourd'hui et encore.

Dans l'ombre des siècles révolus,

Léran, village d'histoire et de vertus,

Tes murs solides témoignent du temps,

De la prospérité et des tourments.

Au fil des ans, les conflits ont grondé,

Menacé ta paix, ta sérénité,

Mais tes fortifications ont résisté,

Préservant ton âme, ta fierté.

Échos de Léran :
Poésie d'Ariège :

Des guerres cruelles ont fait rage,

Mais tu as su relever chaque défi,

Les alliances formées ont été ton ancrage,

Pour construire un avenir unifié.

Des traités de paix, des négociations,

Ont apaisé les querelles et les tensions,

Des mains tendues, des mots échangés,

Ont forgé la voie de la réconciliation.

Léran, tu es un symbole de résilience,

Un refuge de calme au milieu de la violence,

Ton histoire est gravée dans chaque pierre,

Témoignant de ta force, de ta lumière.

Que ce dernier poème soit un hommage,

À ta beauté, à ton héritage,

Que chaque vers évoque avec émotion,

La grandeur de Léran, ton noble bastion.

Que les poètes et écrivains talentueux,

Aient su capturer ton essence avec ardeur,

Que leurs mots tissent une ode éternelle,

À Léran, village aimé, source de merveilles.

Que ce livre se clôt avec ce dernier chant,

En célébrant Léran, en lui faisant écho vibrant,

Que chaque lecteur ressente l'amour vrai,

Pour ce lieu enchanté, à jamais préservé.

Un Humble Héritage en, Textes, Poèmes et chansons :

Échos de Léran :
Poésie d'Ariège :

Raymond Mialon